高职院校
创新创业教育探索

刘鲲 于晓丹 沈瑞雪 著

Gaozhi Yuanxiao
Chuangxin Chuangye Jiaoyu Tansuo

北京·旅游教育出版社

图书在版编目（CIP）数据

高职院校创新创业教育探索 / 刘鲲，于晓丹，沈瑞雪著. -- 北京：旅游教育出版社，2022.10
ISBN 978-7-5637-4479-4

Ⅰ．①高… Ⅱ．①刘… ②于… ③沈… Ⅲ．①高等职业教育－创造教育－研究 Ⅳ．①G717.38

中国版本图书馆CIP数据核字(2022)第186246号

高职院校创新创业教育探索

刘鲲　于晓丹　沈瑞雪　著

策　　划	李荣强
责任编辑	陈　志
出版单位	旅游教育出版社
地　　址	北京市朝阳区定福庄南里1号
邮　　编	100024
发行电话	（010）65778403　65728372　65767462（传真）
本社网址	www.tepcb.com
E-mail	tepfx@163.com
排版单位	北京旅教文化传播有限公司
印刷单位	北京市泰锐印刷有限责任公司
经销单位	新华书店
开　　本	710毫米×1000毫米　1/16
印　　张	11.5
字　　数	138千字
版　　次	2022年10月第1版
印　　次	2022年10月第1次印刷
定　　价	59.00元

（图书如有装订差错请与发行部联系）

前　言

为实现我国创新发展驱动战略，促进经济稳健发展，保障社会民生，培养创新创业技术型人才，提高职业院校毕业生就业率和就业质量，进一步深化和改革高职院校创新创业教育势在必行。2015年5月，《国务院办公厅关于深化高等学校创新创业教育改革的实施意见》中，从教育改革高度，把创新创业教育作为继续加强和深化高等教育改革的重要抓手，明确规定了高等学校创新创业教育的总体目标是：要以文化为引领，结合实践，指导帮扶，建立健全课堂教学和自主学习体系。

近些年，随着高等学校教育教学改革的不断深化，高职院校的创新创业教育改革工作也越来越受到重视，取得了令人瞩目的成绩，对提升高职院校人才培养质量，提高职业院校毕业生就业创业质量，服务国家和地方区域经济发挥了不可或缺的作用。但在创新创业教育的具体实践中，也存在部分不可回避的现实问题，主要有以下7个方面：一是，部分高校重视程度不够，没有将创新创业教育和思想政治教育有机融合，存在"两张皮"现象；二是，创新创业教育理念观念滞后，与专业课程教育结合不紧，与实践脱轨；三是，创新创业教育教学方法方式单一，没有充分利用现代信息技术和多种教学手段，实效性和针对性不强；四是，高职院校的创新创业师资队伍力量和业务水平素质亟须加强；五是，对高职院校不同生源群体的大学生，如何开展差异性的创新创业教育还有待深入；六是，高职院校的创新创业文化建设没有与创新创业教育同频共振，同步发展，存在滞后现象；七是，高职院校的创新创业教育评价体系还有待进一步发展完善。

基于此，针对上述具体实践中高职院校创新创业教育的困境，本书创新性提出改革高职院校创新创业教育的7条解决路径：一是，加强创新创业与思想政治教育的有机融合，充分挖掘创新创业课堂教学中的思政元素，促进课程思政与创新创业教育互融互嵌，在教育过程中达到润物无声的效果；二是，要根据"00后"高职大学生的学情特点，适时调整人才培养方案，促使专业教育和创新创业教育有效融合，科学调整设置各类专业课，发掘专业课程中的创新创业教育资源，在专业知识传授的同时提升创新创业教育；三是，对创新创业课堂教学方法和手段进行改革，大力推进现代信息技术条件下的课堂革命，加快推进创新创业教育优质课程和线上线下信息化建设；四是，进一步加强创新创业教育的师资队伍建设，建设一支专兼结合、专创融合、校企融通创新创业师资队伍；五是，针对不同生源群体采取针对性、差异化的教育教学方法，因材施教，提高课堂教学效果；六是，加强创新创业教育制度文化建设，促进显性文化与隐性文化的双驱联动，营造专创融合的创新创业文化氛围；七是，构建"三维四级"的高职院校创新创业教育评价指标体系。

本书分为10章，第1章主要对创新创业教育的概念进行界定；第2~3章主要概括国外创新创业教育的特点及对我国的启示，以及我国高职院校创新创业教育现状与问题；从第4章开始到第10章，分别从创新创业教育与思想政治教育融合、创新创业教育与专业教育融合、改革创新创业教育教学模式、构建高质量创新创业师资队伍、加强高职学生创新创业分类教育、提升创新创业教育文化成效、构建科学的创新创业教育评价体系等7大方面进行阐述。由广州番禺职业技术学院刘鲲完成第1章、第4~6章和第8~9章撰写，于晓丹完成第2~3章撰写，沈瑞雪完成第7章和第10章撰写。

本书撰写过程中，得到广东省哲学社会科学规划2020年度一般项目《高职百万扩招背景下退役军人创新创业差异化教育研究》（编号GD20CJY49）广州番禺职业技术学院配套资金支持，得到广州市哲学社会科学发展"十四五"规划2021年度共建课题《高职百万扩招背景下新型职业农民创新创业差异化教育研究》（编号2021GZGJ168）广州番禺职业技术学院配套资金支持，得到2022年度广州市高等教育教学质量与教学改革工程大学生创新创业训练计划项目（编号2022CXCYJH005）的支持，在此一并表示感谢。

高职院校的创新创业教育是一项值得深入研究的系统工程，本书力求对高

前言

职院校的创新创业教育进行全面系统梳理和深入探究,并尽可能考虑到动态变化需求,但因能力所限,加之客观变化使然,书中分享的内容肯定有不适之处,甚至可能出现偏颇,权作抛砖引玉,作者团队诚挚接受诸位的批评与指正。

刘鲲　于晓丹　沈瑞雪

2022 年 5 月

目 录

第1章 创新创业教育的界定 ·· 1
  1.1 创新创业教育的基本概念 ·· 1
  1.2 创新创业教育的基本理论 ·· 2

第2章 国外创新创业教育特点与启示 ······································ 5
  2.1 美国的创新创业教育 ·· 5
  2.2 英国的创新创业教育 ·· 22
  2.3 德国的创业教育 ·· 29
  2.4 总结和启示 ·· 43

第3章 中国高校创新创业教育现状 ·· 47
  3.1 中国高校创新创业教育现状 ·· 47
  3.2 中国高校创新创业教育的发展成就 ·· 51
  3.3 当前制约中国创新创业教育发展的问题 ···································· 54
  3.4 当前中国创新创业教育发展问题的原因分析 ································ 62

第4章 高职院校创新创业教育与思想政治教育融合 ···················· 67
  4.1 创新创业教育与思想政治教育的关系现状 ·································· 67
  4.2 创新创业教育与思想政治教育研究存在的问题 ······························ 69

4.3 创新创业教育与思想政治教育的融合路径························71

第 5 章　高职院校创新创业教育与专业教育融合····················75
5.1 创新创业教育与专业教育融合的价值意义························75
5.2 创新创业教育与专业教育融合的现实困境························77
5.3 创新创业教育与专业教育融合的基本原则························78
5.4 创新创业教育与专业教育融合的运行模式························80
5.5 创新创业教育与旅游管理专业融合的案例分析····················82

第 6 章　高职院校创新创业教育教学模式改革························88
6.1 高职院校创新创业教育教学模式面临的现实困境··················88
6.2 高职院校创新创业教育教学模式改革路径························90

第 7 章　高职院校创新创业师资队伍构建····························94
7.1 高职院校创新创业师资队伍结构及特点概要······················94
7.2 创新创业专职导师成长路径···································101
7.3 创新创业专业导师发展路径···································104
7.4 创新创业企业兼职导师培养途径·······························108
7.5 行政教辅兼职导师助力创新创业教育之路·······················111
7.6 建设专兼结合、专创融合、校企融通的创新创业师资队伍·········114
7.7 构建创新创业教师五维管理体系·······························115

第 8 章　高职院校大学生创新创业教育·····························118
8.1 扩招背景下高职学生创新创业差异化教育·······················118
8.2 创新创业背景下高职贫困生人才培养策略·······················127

第 9 章　高职院校创新创业教育文化建设···························132
9.1 高职院校创新创业教育文化建设的短板·························132

9.2 高职院校创新创业教育文化建设的纾困之道 ……………………… 133

第 10 章　高职院校创新创业教育评价 ………………………………… 140
10.1 高职院校创新创业教育评价的意义 ……………………………… 140
10.2 高职院校创新创业教师评价研究现状 …………………………… 143
10.3 构建高职院校创新创业 VPR 三维四级评价指标体系 ………… 151
10.4 高职院校创新创业 VPR 三维四级评价指标体系的优势 ……… 159
10.5 亟待开展的工作 …………………………………………………… 162

参考文献 …………………………………………………………………… 163

第 1 章

创新创业教育的界定

1.1 创新创业教育的基本概念

"面向21世纪教育国际研讨会"于1989年在北京召开,在本次大会上"创新创业教育"的概念在国际上被首次提出。1991年在日本召开的中期研讨会会议报告中,明确指出,创新创业教育从广义上说,是培养具有独立开创性的个体的人,但它对于拿工资的人也同等重要。因为雇佣机构除了期望被雇佣者在工作岗位上追求卓越以外,正愈发重视被雇佣者的创新精神、独立工作能力、创业能力以及技术水平和社交管理能力。

在早期的创业教育学家中,图卢兹(Toulouse)和贝沙尔(Bechard)他们认为创业教育是一种教学模式,是去教育与培养每一个对商业创造或者中小企业经营发展管理有兴趣的人。

美国著名学者柯林(Colin)和杰克(Jack)则认为,创新创业教育是提供个体具备熟悉商业运行模式机会能力,并使他们具备创业行为过程中所持的创造力、想象力、观察力、心理承受能力以及其他知识与技能的过程。

在我国,学者彭钢在其著作《创业教育学》中认为,创业教育旨在开发提升广大青少年创业的基本素养,是一种培养有开创精神的社会主义事业建设者和接班人的教育。这种教育应该以普通教育和职业教育为前提基础,采取渗透融合的方式在普通教育和职业教育两个领域内实施，具有相对独立的教育体系和功能地位。

杨艳萍在《浅论创新创业教育》中指出，创新创业教育是在普通基础教育和职业技术教育基础上进行的，是以开发和提升广大大学生的创新思维和创业能力为任务目标，是一种培养大学生从事创业活动所必备的知识技能、心理素质等的教育。

上海市教育科学研究院房欲飞，把大学生创新创业教育归纳为：通过高校中显性课堂讲授和隐性课堂实践等活动的开展，不断提高大学生的创新思维、创业意识、创业精神、创业能力，并将其固化为大学生自身所具备的一种技能，培养具备中小型企业经营和管理能力的人才。

综合国内外各家学者所言，本书作者认为，创新创业教育以培养具有开创思维的人作为具体目标，是一种培养学生从事创新创业实践活动所需技能和素质的教育活动全过程。创新创业教育既不是创新教育与创业教育的简单相加，也不是两个概念的互相交集，而是在思想理念和具体实践领域上达成了对创新教育与创业教育的升华和跨越，是一个崭新完整概念的构建。创新创业教育最根本的目的是培养学生的创新思维、创业能力和创业意识。在创新创业教育过程中，创新和创业是互为前提、互相影响、互相促进、相辅相融的，它们一同组成创新创业教育的最关键内容。

1.2 创新创业教育的基本理论

所谓创新创业教育相关理论，并不是凭空想象的，它是建立在知识的进一步传播和转化、深化提升应用基础之上的。高职院校需要培养创新创业人才，但是绝不是为了追求教育创新而去创新，而是有深厚的理论基础底蕴作为支撑。

1.2.1 人力资本理论

人力资本是指聚集在劳动者本身的知识和技能以及它们体现出来的相关能

力。人力资本理论的诞生，最早可溯源到18世纪。1776年，现代经济学创始人著名学者亚当·斯密就指出，作为社会的人，其个体通过自身努力地学习和实践，所获得的个人能力和知识技能，也应当被视为社会财富一部分，是全社会固定资本的重要组成部分之一。人力资本理论为创新创业人才的培养提供了重要的理论依据，培养创新创业人才既是国家和社会所需，又是社会个体发展所要，高职院校培养的创新创业型人才，终将成为社会经济发展进步的强有力推动者。

1.2.2 实用主义教育理论

实用主义教育理论于19世纪在美国出现，它是以美国实用主义思想为背景，从而形成发展出来的一种新教育思想，并深刻影响着整个20世纪世界的教育思想理论与实践。实用主义教育理论的典型人物，主要有美国的著名教育家杜威与克伯屈等人。实用主义者主张，教育就是生活，即教育就是个人知识和认知的一个不断发展提升的过程。在学校，教师的教学活动必须以学生为中心，教师课堂行动不再以教师为核心，而教师在课堂行动中必须要强调学生的创造性的发挥，使他们在教师课堂教学的行动中独立地思考并找到问题。在当今，全球普遍认同实用主义教育哲学仍然有其巨大的社会作用，"杜威教育哲学思想在当代仍然具有意义和生命力"。实用主义教育理论所提出的以学习者为中心、开展活动课程教育方式、做中学等富有特性的教育理论，为中国高职院校的创新创业教育教学改革提供了方法论，为实践中进行观念转变、教学方法和模式变革以及创新创业人才培养提供了思想保障和理论支撑。

1.2.3 人的全面自由发展理论

人的全面自由发展理论，主要包括了以下两个方面特征：一是人的个性和智力发展得以全面合理发挥。具体来说，就是对道德情感、智慧等领域进行充分自由和谐的开发。二是人的个性与能力得以自主独立的发挥。因此，才能实现自主的生命行为与自发的创新行为。人的全面自由发展理论，已渗透到当今高职教育的方方面面。创新型人才培养的最高标准，就是培养个性全面自由发展的人。所以，高职院校必须要改变教育观念，建立"以生为本"的教育思想，按照青年大学生的心理特征和人的自由发展科学基本规律，积极开展技术技能型人才培养教育教学工作。

1.2.4 蒂蒙斯创业理论

创业理论源自于 18 世纪"创业人""企业家"等定义的出现。此后，有关创业的相关理论研究也越来越多。专家们从各种不同角度，就创业问题、创业本质、创业技术和理论展开了积极研究。其中，有"创业教育之父"之称的美国创业教育学家蒂蒙斯成为了创业管理教育领域的权威人士之一。他指出，商业机会是创业活动的重要动力，创始人与创业人员是创业活动的引领者，人才和资源是创业成功的重要保障。创业活动是商业机会、创业者和资源三种因素匹配协调的结果。创业过程，是一种持续反复的寻找三种因素最佳平衡点的过程。蒂蒙斯创业理论对创业中的商业机会、创业人才、资源及其它们之间的相互作用做了细致的研究，并阐述了创业理论的基本内涵。并且，蒂蒙斯创业理论又对怎样培育创业人才，具体应该从哪些方面着手培养，创业人员需要具有怎样的素养，都给出了具体的依据，因而具有重要的理论价值。

第 2 章

国外创新创业教育特点与启示

经过 20 多年的发展,我国的高等教育已进入大众化教育阶段,取得了巨大的成就;同时,越来越多的毕业生带来了严峻的就业问题。从 20 世纪末高等教育改革开始,创新创业教育开始受到重视。中央和地方政府出台各类政策和法规,鼓励高校展开创新创业教育,鼓励大学生自主创业,这在一定程度上缓解了就业的问题。当前我国高校创新创业教育发展的现状如何?存在哪些问题?西方发达国家在创新创业教育领域有哪些进展可以供我们借鉴?本章节选取美国、英国和德国三国高校创新创业教育的实施现状进行比较分析,期望得出有益的启示。

2.1 美国的创新创业教育

2.1.1 美国创新创业教育的发展历史

在美国,"创业教育"(Entrepreneurship Education)一词通常用于小型企业创业和新企业创建的背景下。2003 年,杰罗姆·A. 卡茨(Jerome A. Katz)发表了一个全面的美国创业教育大事件年表。他收录了美国自 1876 年以来的经济学和农业文献以及经验材料,认为创业教育最早起始于弗朗西斯·沃克(Francis Walker)1876 年出版的《工资问题》(*The Wages Question*);也有研究将哈佛大学在 1947 年开设的工商管理硕士(MBA)创业课程(参阅:

http：//eweb.slu.edu）作为美国创业教育的起点，还有研究认为创业教育最早始于1938年日本的神户大学。上述结论各有其文献依据，但起点的分歧不是很大的问题。

根据美国小企业管理局的格兰特·穆恩（Grant Moon）报告，在1953年之前，只有伊利诺伊大学开设了"小企业或创业发展"的课程，并且将此课程于1954年引入南达科他大学。1953年，彼得·德鲁克（Peter Drucker）在纽约大学开设了一门"创业与创新"课程，他的书（后来以同名出版）获得了全世界的重视。1958年，麻省理工学院的工程学教授德怀特·鲍曼（Dwight Baumann）开设了可能是美国第一门创业课程（也有研究者认为第一门创业课程是巴布森学院于1967年开设的创业课程）。到1970年，美国大约有25所高等院校提供此类课程。创业教育作为商学院中一股力量出现始于20世纪70年代初。南加州大学于1971年在创业中心开设了第一个MBA中心，随后在1972年开设了第一个本科生中心。到1980年，这一数字增长到150多所。1985年有253所学校（212所商科加41所工科）开设了创业课程，在245所高等教育机构开设了创业课程，其中8所学校的工程和商学院开设了创业课程。根据所罗门（Solomon）等人在1990年中后期的统计，80年代有300多所大学开设了创业和小企业课程，这里可能存在统计口径的差别。到20世纪90年代，这一数字增加到1050所学校[①]。因此，可以认为，美国创业教育的真正出现发生在20世纪80年代。

以下是杰罗姆·A. 卡茨（Jerome A. Katz）整理的美国创业教育1876年至1999年的大事记录，从中可以清晰地看出美国创业教育的发展轨迹。

表2-1　美国创业教育1876年至1999年的大事记录

1876	弗朗西斯·沃克的《工资问题》出版。（第一部美国大学学者研究创业者的主要著作）
1887	孵化法案通过。（创建农业试验站，现代孵化器和研究园区先驱）
1893	建立49个农业试验站。

---

① http：//www.businessweek.com/bschools/faqsnfigs/aacsb/aacsbgift.htm。

续表

1911	约瑟夫·熊彼特出版了《经济发展理论》(德文版)。
1913	熊彼特开始在美国哥伦比亚大学任教。
1914	史密斯·勒维(Smith-Lever)(农业扩展)法案。(创建了农业扩展,以广泛传播在试验站为农民开发的改进的农业方法。政府赞助的业务发展服务的原型)
1915	陶西格(F.W. Taussig)出版了《经济学原理》(Principles of Economics)。(书中认为,企业家的作用不仅仅是创新,还包括创造财富。即使在今天,这也是美国对创业的独特定义的基础)
1921	弗兰克·奈特(Frank Knight)发表了《风险、不确定性和利润》(Risk, Uncertainty and Profit),提供了第一个完整的美国创业过程模型。
1923	正式组织合作推广服务,就农业和商业做法向农民提供咨询意见。
1932	熊彼特开始在哈佛任教。
1934	熊彼特的《经济发展理论》(The Theory of Economic Development)翻译成英文。
1941	美国参议院召集了专门委员会来研究美国小企业的问题。1942年发布的报告提出了战争期间和战后保护和发展小企业的若干建议,包括利用大学资源培训小企业并帮助他们创新。
1945	鲁道夫·韦斯曼(Rudolph Weissman)的《小企业和风险投资》(Small Business and Venture Capital)。(最早论证小企业在经济中的重要性和风险投资的开拓性努力的著作之一)
1946	熊彼特和亚瑟·科尔(Arthur Cole)在哈佛大学创立创业史研究中心。(第一个以创业内容为重点的研究中心)
1947	(2月)第一个 MBA 创业课程新企业管理(Management of New Enterprises)在哈佛开课。迈尔斯梅斯(Myles Mace)是教师,188名学生参加了该课程。
1948	《创业史探索》(Explorations in Entrepreneurial History)在哈佛出版。(第一本专注于企业家的研究期刊,1969年停刊)
1950	威廉·霍德(William Hoad)的《小企业案例汇编》(Small Business Casebook),也被称为《小企业案例汇编》(Cases in Small Business)以专著形式出版。(以小型企业为主题的第一批商业案例)
1951	科尔曼基金会(Coleman Foundation)成立。(第一个以创业教育为重点的基金会)
1951	美国商务部出版威廉·霍德(William Hoad)的《小型企业教育大纲和原始资料》[1950],促成 SBA 创建的试点项目之一,通过大学提供小型企业培训。
1952	由普伦蒂斯-霍尔(Prentice-Hall)出版佩西·凯里(Pearce Kelley)和凯尼斯罗耶(Kenneth Lawyer)的《在小型企业管理中的案例问题》(Case Problems in Small Business Management)。(第一本商业出版的小型企业文本/贸易书籍,包含有关小型企业的简短案例)

续表

1953	美国开始小型企业管理。
1953	格兰特·穆恩（Grant Moon）报告说，伊利诺伊大学提供"小企业或创业发展"课程。
1953	罗兰德·克里斯滕森（C. Roland Christensen）的《在小型和成长中的企业中的继承权》（*Management Succession in Small and Growing Enterprises*）首次出版。（以增长为导向的业务的首次主要工作，也是对家族企业最终领域的经典贡献）
1953	彼得·德鲁克（Peter Drucker）在纽约大学提供创新创业课程。
1954	斯坦福大学首次提供 MBA 小型企业课程"小型企业管理"。
1954	印第安纳大学出版《小型家族控制制造企业管理案例》（*Cases in the Management of Small, Family-Controlled Manufacturing Businesses*）。（第一本针对家族企业的案例书）
1954	格兰特·穆恩（Grant Moon）开始在南达科他大学教授小型商业课程。
1955	纽约（州）商业和分配教育局实施了非学位课程——小企业管理；州立大学成人课程大纲（Small Business Management；Adult Course Outline）（国会图书馆第 59021189 号）。
1956	成立了国际小企业理事会（International Council for Small Business），1977 年以前称为全国小企业管理发展委员会。
1958	德怀特·鲍曼（Dwight Baumann）在麻省理工学院开设创业课程。
1959	SBA 研究计划启动。（政府首次在学术层面对创业精神进行实质性研究）
1961	大卫·麦克莱兰（David McClelland）出版《成就社会》（*The Achieving Society*）。
1961	Halsey Broom 的《小型企业管理》出版。（这是第一本专门针对大学文本市场的小型企业书籍）
1963	小型企业管理杂志（Journal of Small Business Management，JSBM）创刊。（第一本致力于主流创业/小企业研究的学术期刊）
1963	第一个捐赠职位出现在乔治亚州立大学。
1964	退休行政人员服务团成立。
1964	柯林斯、摩尔和乌姆瓦拉的《进取的人》首次作为研究专著出版。
1965	H. 施拉格在《哈佛商业评论》（*Harvard Business Review*）上发表了他的《研发企业家：成功的简介》（*The R&D entrepreneur：profile of success*）。
1967	诺曼·史密斯的《企业家和他的公司》（*The Entrepreneur and His Firm*）出版。（第一项研究将高增长的企业家与低增长的小企业主进行对比。创业精神二次分析的著作之一）
1967	斯坦福大学和纽约大学推出了第一门当代 MBA 创业课程。（这些课程的重点是财富创造与公司创造，这是小企业课程的标志）

续表

1968	巴布森学院（Babson College）开始首届本科创业教育。
1969	麦克莱兰（McClelland）和温特（Winter）的《激励经济成就》（Motivating Economic Achievement）出版。（第一个具有详细成果评估的创业培训研究）
1970	第一个现代创业中心，即卡鲁业主管理企业研究所（the Caruth Institute of Owner-Managed Business）在南卫理公会大学成立。
1970	由普渡大学的 John Komives 和 Arnold Cooper 主持第一次重要的学术研究会议——技术创业研讨会（Symposium on Technical Entrepreneurship）。
1970	16 所学校提供创业课程。
1971	Peter Kilby 的《创业与经济发展》出版。（创业理论和研究的早期汇编）
1971	杰弗里·蒂蒙斯（Jeffry Timmons）在《哈佛商业评论》（Harvard Business Review）上发表《黑色很美，它很丰富吗？》（Black is beautiful, is it bountiful?）。（关于少数族裔创业的第一部主要出版著作）
1971	南加州大学第一个 MBA 创业教育课程。
1972	美国小企业管理局（Small Business Institute）在得克萨斯理工大学发起小企业研究所项目。到年底，共有 20 所学校参加。
1972	帕特里克·莱尔斯（Patrick Liles）的《新商业风险投资》和带有案例的企业家文本首次出版。（第一个当代模式创业案例文本）
1973	成立民营企业教育协会。
1973	Lawrence Klatt 的《小企业管理：企业家精神》出版。（最早从小企业跨界到创业的文本之一）
1974	Gordon Baty 的《企业家精神：为胜利而战》首次出版。（第一本在创业课程中得到重要应用的交易卷——也是第一批专门讨论当代创业方法的教材之一）
1974	在 Karl Vesper 的指导下成立了管理学院的创业兴趣小组。
1975	国家领导学院的罗伯特·戴维斯发起自由企业（Students in Free Enterprise，SIFE）学生组织，支持大学创业和自由企业。
1975	Karl Vesper 报告了 104 所学院/大学开设了创业课程。
1975	Al Shapero 在《今日心理学》上发表了《流离失所、不舒服的企业家》。（大众媒体上关于企业家的第一批主要文章之一）
1975	小企业协会董事协会（Small Business Institute Directors Association）成立。
1975	美国小企业杂志首次出版。（1988 年后改名《创业：理论与实践》）

续表

1976	首次颁发新创企业论文海泽奖（Heizer Award）。
1976	企业家杂志（*Entrepreneur Magazine*）开始出版。
1977	最初的 9 个试点小企业发展中心（Small Business Development Centers，SBDC）在加利福尼亚州、哥伦比亚特区、佛罗里达州、乔治亚州、新泽西州、缅因州、密苏里州和内布拉斯加州启动。
1979	Inc. 杂志开始出版。
1979	首届 SIFE 学生商业大赛（4 所学校代表）。
1979	Harold Livesay 的《美国制造》出版。（1980 年代"创业十年"的起点）
1979	David Birch 为麻省理工学院的邻里和区域变化项目发表了"就业创造过程"工作文件。（为政府将创业作为经济增长引擎的兴趣提供了动力）
1979	263 所提供创业或小企业课程的中学后教育学校。
1980	11 个捐赠职位。
1980	第 96—302 号公法通过，小型企业发展中心（SBDC）正式化。
1981	第一届巴布森创业研究会议和创业研究前沿的首次出版。
1981	SIFE 的年度比赛吸引了 100 所学校参加。
1982	伊利诺伊大学芝加哥分校提供市场营销系的第一个本科创业课程。
1982	创业百科全书，由 Kent、Sexton 和 Vesper 编辑。
1982	提供有企业家或小型企业课程的高中后学校有 315 所。
1983	新墨西哥大学工程学院的第一门创业课程。
1983	大学企业家协会（Association of Collegiate Entrepreneurs，ACE）成立。
1983	尼尔·丘吉尔和弗吉尼亚·刘易斯在《哈佛商业评论》上发表了《小企业成长的五个阶段》。
1983	《艺术商业》（*The Business of Art*）首次出版。（第一本文本/交易卷侧重于特定职业的当代创业培训）
1984	提供第一个普莱斯-巴布森学院研究员计划。（创业终身制和兼职教师的开创性培训计划）
1984	Robert Hisrich 和 Candida Brush 在 JSBM 发表了《女企业家：管理技能和商业问题》。（关于女企业家的第一部主要著作）
1984	在巴布森学院和得克萨斯大学奥斯汀分校（称为 MOOT）举行首个单一校园商业计划竞赛。

续表

年份	事件
1984	伊利诺伊州大学企业家会议。集团于1985年成为中西部大学企业家组织（CEM），并于1997年成为大学企业家组织（CEO）。
1985	《商业风险杂志》(*Journal of Business Venturing*) 开始出版。
1985	彼得·德鲁克的《创新与创业》(*Innovation and Entrepreneurship*) 首次出版。(这本书使传统商学院教师的创业合法化，并大大提高了商学院校友创业的知名度)
1986	在迈阿密大学 Tim Mescon 的指导下举办了首届全国商业计划竞赛。
1986	Vesper 报告了253所学院/大学开设了创业课程。
1986	590所中学后学校开设了小企业或创业课程。
1986	Gary Liebcap 的《创业、创新和经济增长研究进展》开始出版。(第一个主要的年度研究系列，特别关注创业)
1987	《商业风险杂志》添加到社会科学引文索引中。
1987	管理学院创业兴趣小组更名为创业部。
1987	圣地亚哥州立大学举办第一届全国商业计划竞赛。(首个经久不衰的全国"开放式"商业计划竞赛)
1987	《家族企业评论》(*Family Business Review*) 开始出版。
1988	《小企业经济学》(*Small Business Economics*) 开始出版。
1991	创业特刊：创业学科基础设施的理论与实践。
1991	102个捐赠职位。
1991	57个本科生和22个MBA项目集中创业。
1991	1060所中学后学校开设创业或小企业课程。
1992	《小企业经济学》已添加到社会科学引文索引中。
1992	Ewing Marion Kauffman 基金会创建创业领导中心。(对创业教育有直接兴趣的最大基金会)
1993	Vesper 报告了370所学院/大学开设了创业课程。
1993	EGOPHER 开始运营。(第一个专门用于创业教育的互联网站点)
1993	SBA 在线 FTP 和 Gopher 站点开始运营。
1993	杰罗姆·卡茨和罗伯特·布罗克豪斯的《创业、企业崛起和成长进展》开始出版。(第一个主要的年度研究系列专门针对主流创业)
1994	9月三期特刊中的第一期是模拟和游戏出现在创业教育方面。

续表

1994	首次颁发小型企业论文 ETP/NFIB 奖。
1995	有 450 多所学校参加了小型企业学院计划。
1995	《小型企业管理杂志》添加到社会科学引文索引中。
1996	SBA 撤回了其为小型企业研究所计划的资金。
1996	丽莎·冈德里（Lisa Gundry）和亚伦·布奇科（Aaron Buchko）的现场案例作品由 Sage 出版。（商业出版商的第一创业文本补充系列）
1996	得克萨斯理工大学开设第一个家族商务专业。
1997	264 所学校参加 SIFE 年度竞争。
1997	退休高管服务部（SCORE）开始通过互联网提供咨询协助。
1998	SBA 初步结果显示，有 1400 所学院有企业家或小型企业课程。
1998	220 所学校加入 SBI 计划。
1998	208 个捐赠职位。
1998	中小型企业虚拟大学 Vusme 进入了互联网。（第一个由大学部署的创业距离教育计划，这个案例是 4 所学校的联合部署）
1999	夏季在《管理学院杂志》上发表《国际创业特殊研究论坛》。（主流管理杂志的第一期专门针对主流企业家的主题）

2.1.2 美国国家和社会对创新创业的支持

2.1.2.1 捐赠职位（Endowed Position）

美国创业教育主要由大学和创业机构组织实施，美国社会各界对创业教育的支持主要是通过私人或机构捐赠的途径来实现的。在图 2-1 中，可以看到捐赠职位（Endowed Position）有一个显著的增长曲线，在 1960 年代和 1970 年代起步缓慢后开始飙升，现在平均每 4 年翻一番。捐赠基金的增加主要由于 1990 年代后期的股市繁荣。例如，自 1995 年以来，几所顶级商学院积极地将其中心或项目的捐赠基金增加到超过 1000 万美元。相比之下，1990 年代初期的中心拥有 50 万美元至 100 万美元的捐赠基金，其中最大的一笔捐赠基金为 450 万美元。这些捐赠的中心和项目可以用于支持没有捐赠职位的教师、学生团体、孵化器、咨询服务、图书馆建设等。

从 1963 年第一个捐赠职位的设立开始，创业教育领域的财富已经增长到超过 4.4 亿美元，其中超过 75% 的资金来自 1987 年以来的累积。具体包括：277 个主席和教授捐赠基金，平均每个 105 万美元；100 个中心捐赠基金和 9 个项目捐赠基金，平均每个 100 万美元，总价值为 5000 万美元。相比之下，《商业周刊》报道称，自 1984 年以来，主要商学院作为机构的捐赠总额为 9.75 亿美元。在美国的商业教育中，可能没有其他领域的金融基础比它更大、更分散。

2.1.2.2 贝多法案（Bayh-Dole Act）

在政府层面，出台相关法案，通过立法的形式保护和促进创业教育发展。20 世纪 80 年代期间，美国通过了多项旨在促进科研成果商业化的法案，其中有对后来美国知识产权领域影响重大的贝多法案（Bayh-Dole Act）。

贝多法案就是 1980 年颁布的《专利和商标法修正案》（*The Patent and Trademark Law Amendments Act*），由于它的两个主要发起者是前美国参议员罗伯特·多尔（Robert Dole）和伯奇·贝赫（Birch Bayh），因此通常被称为贝多法案（也有译为"拜杜法案"，后经证实法案的发起者并非上述二位议员，但法案名称未做改变）。贝多法案是美国处理联邦政府资助的研究产生的知识产权的立法，旨在通过标准化由联邦政府资助的研究创造的发明的知识产权所有权来促进美国的技术创新。

1950 年，美国国会通过《国家科学基金法案》（National Science Foundation，NSF）用于资助全国的基础研究和科学教育，资助范围覆盖除医学外的其他所有学科领域。至 20 世纪 70 年代末，大量的科研投入使美国在科学前沿领域处于世界领先水平。但这种在科研上的领先优势并没有使美国工业获得在世界市场的竞争优势。在 1980 年之前，联邦资金是为了促进联邦政府内部不同机构的科学进步。每个机构都有自己的方法，国立卫生研究院（NIH）等机构保留了联邦资金发明的所有权，其他机构让联邦资金的接收者获得所有权。

科研成果转化的障碍主要来自于体制障碍。一是法律上明确，通过联邦政府资金资助产生的发明成果，其所有权属于联邦政府；二是技术转让的法律规定，复杂且基础的科研成果难以产业化。产生的结果是，在制定贝多法案之前，使用联邦资金产生的发明的专利中仅有 4% 用于生产商业化的产品。许多政府机构不愿为商业开发商提供专利或专利的独家许可。同时，这些联邦资金资助产生的大多数技术仍然需要大量的研发才能创建可售出的产品。因此，许多私营企业出于保护专利的目的，不愿在没有专利权的情况下进一步开发联邦资金资助的发明，而没有专利权，私营企业不愿意承担开发的成本。鉴于此，在联邦政府层面，统一的技术转让制度势在必行。为促进提升联邦政府资助发明的利用效率，大学与产业界的合作在发明转化为商业产品中发挥了重要作用。大学和产业界开始支持立法，以进一步促进政府手中的联邦资金资助的发明成果商业化。

贝多法案允许发明者——大学或其他非营利机构——保留来自联邦政府资金资助的研发的知识产权所有权，旨在最大限度地减少联邦政府资金资助产生的发明、专利在缺乏许可和开发激励措施的情况下停滞不前的情况，鼓励非营利性机构与企业界合作转化这些科研成果，以促使发明技术的应用。该法案的主要内容包括：

规定联邦政府资助下产生的科技发明，其所有权可以归大学，前提是大学要承担起专利申请和将专利许可授权给企业界的义务；

允许大学进行独占性专利许可；

规定发明人应分享专利许可收入，但未规定发明人具体应得份额；

规定大学应将技术转移所得、全部专利许可所得返还到教学和研究中去；

规定联邦政府留有"介入权"，即大学如果未能通过专利许可方式使某项发明商业化，联邦政府将保留决定该项发明由谁来继续商业化的权利，但政府的干预权限仅此而已。

贝多法案背后的一项政策是在联邦政府资金资助的发明中赋予大学的所有权权益——专利权，以提供商业化发明的动力。贝多法案允许大学由于其在发明中保留发明权利而与行业自由地互动。产业界由于拥有联邦资金资助的发明所有权而变得更加愿意合作。大学可以促进发明人和被许可人之间的直接互动，而被许可人通常对技术转移至关重要。

贝多法案成功地促进了美国政府资助的科研成果的商业化。《经济学人》

写道:"过去半个世纪以来,美国颁布的最具启发性的立法可能是1980年的贝多法案……最重要的是,这一单一政策措施帮助扭转了美国急剧滑向工业无关紧要的局面"①。一些大学和教育协会一致认为:"1980年贝多法案和实施条例规定的当前大学技术商业化法律框架是有效的,需要维持。"根据非营利性学术技术转让专业协会大学技术经理协会(the Association of University Technology Managers,AUTM)的一项调查结果,在2010年,政府向大学颁发了4469项专利,成立了651家新公司,推出了657种新产品,引入超过3600家的初创公司仍以大学发明成果或专利为基础在运营。根据生物技术行业协会的一项研究,在1996年至2007年间,美国国内生产总值高达1870亿美元,产生了279 000个工作岗位,可归因于大学技术许可。在《贝多法案》通过后,大学发明成果或专利商业化的增长还有其他原因,比如大学大幅增加了对技术转让项目的投资,教师已经意识到他们的研究成果的商业潜力,产业界已经意识到与大学合作的好处等。贝多法案最新的修订案在2018年5月14日正式生效。

2.1.3 美国高校创新创业教育开展情况

美国学校创业教育课程的数量在20世纪后几十年以快速的速度增长。在统计上不同的研究由于其统计标准的不同,其统计的数字存在差异,如图2-1所示。比如在维斯帕(Vesper)的研究中,只有4年本科和研究生课程,且只有那些教授"创业教育"的人才被定义为初创企业,尤其是在高增长公司中。而所罗门(Solomon)等人在美国小企业管理局(Small Business Administration,SBA)进行的一项研究中,则将创业教育和小型企业课程以及两年年级学校都纳入统计范围内。因此,维斯帕(Vesper)的统计数据显示了,从1968年的4所学校增长至1970年的16所学校,1993年的370所学校,一直到2001年的504所学校。所罗门(Solomon)等人的调查报告则显示出,学校数量从1979年的263所增长到1998年的1400所(每年约57所学校)。维斯帕和加特纳(Gartner)在南加州大学(University of Southern California,

---

① Association of University Technology Managers(AUTM).(2011). U.S. Licensing Activity Survey:FY 2010.

USC）和所罗门等人在美国小企业管理局所做的研究结果有很大的差异。SBA研究表明，小型企业课程的增长要比创业教育更大，而与 USC 汇编的增长数据相反。SBA 样本更具代表性，但 USC 调查更精确。在许多方面，结果是不可比较的，也无法解析。两种统计结果都表现出增长，并且都表明一些课程的增长程度相对其他课程更大。

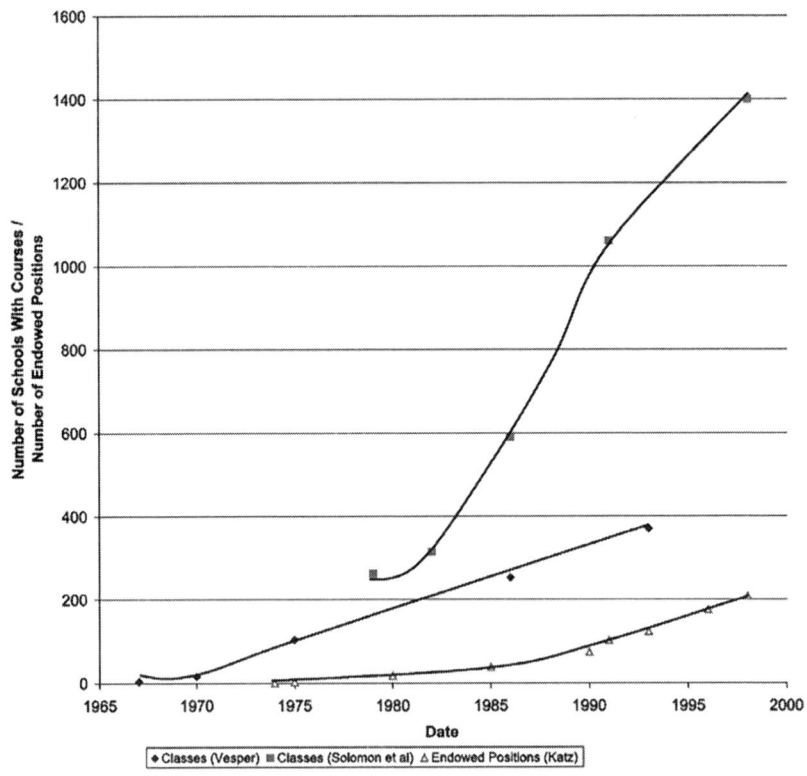

Fig. 1. Growth in number of endowed positions and schools with entrepreneurship courses.

图 2-1 捐赠职位与开设创业课程学校的数量变化

在美国，除商学院提供的创业课程在不断增长，其他学科，比如社会学和经济发展方面的小额信贷和本土商业组织课程，工程学校的高科技创业、家政学、职业教育（例如国际创业教育联盟）、新近意识到需要在小型专业企业管理方面进行培训的专业以及传统的农业推广之家等课程也在快速增长。在北美地区，大约 3000 所拥有商业课程的大学中，已经开设了创业教育课程，所有拥有美国商学院大会（American Assembly of Collegiate Schools of Business，AACSB）认可的 MBA 或 4 年学位的大学以及几乎所有全国排名靠前的学校，都已经在教授创业课程。这些学校通常提供包括 MBA 专业或创业本科专业等多种课程。目前在美国 1600 多所学校提供了超过 2200 门课程，其中许多学校开设创业教育课程的历史超过了 20~30 年。到 2002 年底，700 多个创业项目被纳入商学院和大学的课程。越来越多的美国学生表现出对创业作为职业选择的兴趣。

2.1.4 案例展示

亚利桑那州立大学富尔顿工程学院—发电机实验室—种子挑战+加速器计划（Fulton Schools of Engineering Generator Labs eSeed Challenge + Accelerator Program，http：//links.asu.edu/eSeed）

项目简要说明

种子挑战计划是亚利桑那州立大学创新挑战计划的一部分，该计划是由大学的学院和学校共同定义和领导的一系列竞赛。亚利桑那州立大学创新挑战计划是让学生参与新美国大学（New American University）的设计理念，即重视创业并为所有亚利桑那州立大学学生提供创业经验。富尔顿工程学院种子挑战赛使学生能够赢得高达 6000 美元的种子资金和全额付费的创新实地考察，以推进他们的创业。

项目目标

"种子能源挑战"向亚利桑那州立大学所有的学生企业家开放，他们的目标是证明或反驳一个原型产品或服务的有效需求超出了最初的受益人或客户的需求。这个项目由富尔顿工程学院的创业中心组织，旨在战略性地发展早期阶段的学生企业，这些企业可能非常适合竞争并赢得其他亚利桑那州立大学、地方、国家和全球创业竞赛。种子挑战也帮助所有受支持的企业发展可重复和可扩展的商业模式，无论是否有后续的资金或支持。

项目要求

营利或非营利项目，行业或市场项目均可参与。

关于项目的构想必须足够具体，以便就市场需求和解决方案提出一个相当清晰的假设。

所有项目要求必须是处于最初开发阶段的项目。

团队成员要求

所有亚利桑那州立大学的全日制或半日制学生都可以申请和参加。

可以以个人或团队的名义参与，多学科团队优先。

团队领导者必须是富尔顿工程学院的全日制或半日制本科生或研究生。入围者将被要求提供入学证明，最终获奖者必须在颁发奖项时间段具有良好的学术和纪律记录。

项目必须由学生主导，但应征求导师的意见。

已经获得超过5000美元的收入或补助金、奖金或投资的项目、原型、企业或合作伙伴，不符合资助条件。

团队中也可能有与大学无关的成员，比如团队成员的朋友、家人、工作同事等非亚利桑那州立大学的学生。

项目评估

种子能源挑战的第一阶段，由社区成员和亚利桑那州立大学附属机构组成的专家小组评估下列申请者对问题的回复。（申请者对以下五个问题进行回复，专家小组对申请者的回复进行评估，每个问题回复限定在300字内）

你的目标是解决什么问题？你如何确定要解决的是这个问题？

你的解决方案是什么？描述如何解决问题的三个步骤。如果你有在线演示，请提供网址。

谁有问题并且非常需要你的解决方案并愿意支付这些费用？ 换句话说，谁是你的第一个客户？这也适用于非营利企业。在很多情况下，使用这个解决方案的个人或组织可能不同于那些为它付费的人。请描述这些关键的个人或组织。

你将如何花费1000美元来获得你的第一个预订单、众筹捐款或销售额？

列出你将采取的具体行动,或者你将进行的实验,以证明或反驳你的原始解决方案在最初的用户和(或)支付者之外是否有合理的需求。

列出你的团队成员的姓名、电子邮件地址和电话号码,以及他们的专业、独特的技能,以及他们为什么如此热衷于解决这个问题。你们是如何认识的?

专家小组对每个回答都进行量化评估,并对回答进行定性反馈,得分最高的团队将被提升为种子挑战队。

项目展开过程

种子挑战分为三个高度竞争的阶段。第一阶段,从亚利桑那州立大学的参赛队伍中选出 30 支挑战队伍,并给予他们 1000 美元,以验证或放弃他们的关键商业模式假设。第二阶段,挑战队伍介绍他们的企业状况,并竞争进入种子加速器(the eSeed Accelerator),30 支参赛队伍中的 10 支获得额外 5000 美元,以增加目标市场的吸引力。最后,在第三阶段,挑战队伍的 12 名创始人将被选中参加由种子计划的首席赞助人主持的全费创新款待活动。

项目教学

教师:首席教师是一名行政讲师,同时也是富尔顿工程学院的电机实验室创业中心的主任。辅助教师是学术顾问(企业导师)。

课程:课程的核心是 FSE 494/594-Venture Devils,一个 1 学分的在线课程,可以重复学分。

课程交付成果:种子计划和附属的 FSE 494/594-Venture Devils 课程被设计成让学生团队在整个滚动计划期间(7.5 周内),进行一次至少三次基于证据的演讲演示。我们相信这种迭代式的教学指导结构是创新的,主要有两个原因。

首先,我们使用了一个"循证的"演讲稿指导模板。不同于商业展示用的模式图,基于证据的演讲模板允许更多的个人创新,往往能更吸引项目参与者,并能更好地与创业支持者、评委和投资者的期望保持一致。并且,不同于一个标准的投资者演讲稿,基于证据的演讲稿包括"事实"和"数据驱动"的证据,现在需要确保透明度、真实性和权威性来吸引今天的学生创新者。其次,经过几年的准备,我们的学生团队参加了地方、国家和国际创业竞赛,我们发现每个团队至少需要三次迭代式的演示和反馈循环，这为任何后续的机会做好最好的准备。

课程和课程学习目标实现要求学生在完成学业后

了解与创业相关的战略决策过程。

培养与导师、合作伙伴及其关系网中其他关键成员合作的专业技能和习惯。

学习在包括但不限于客户获取、财务预测、推销、确保供应商和早期发展等领域进行审查和开展新业务的策略。

项目第一阶段的创业／导师会议的首要目标是确定最佳的种子企业，并准备好向评审小组提供高效的五分钟循证推介，评审小组将为10家最佳企业提供额外的5000美元种子资金。

导师

每个团队分配一名创业导师（Venture Mentor，VM）。创业导师是非学者（例如，连续创业者、退休企业家、内部创业者等），他们作为学术伙伴受雇，每15周学习相当于一个学分小时的课程（2000美元）。目标是让创业导师既有能力就一般商业问题提供建议，也有一些相关的创业／行业经验。种子计划的创始人须每两周与创业导师和种子团队会面。

如果学生不认真对待课程，不出席会议，或者行为不当就会被创业导师和项目监督员认为行为不当，他们可能会被从课程／课程中除名。创业导师不会为学生做工作——学生必须准备非常努力地工作，并从创业导师那里获得指导。创业导师每周为学生准备3小时的创业会议，并在48小时内回应学生的要求。创业导师在完成他们的角色任务（或其他亚利桑那州立大学的角色）前，一般不会投资或加入学生公司。创业导师的角色任务完成以后，创业导师仍会敞开大门，为那些有准备的学生创业团队做介绍。

说明

30家种子企业（大约90名学生）组成了6个创业集群，每个集群由5个与行业相关的团队组成。每个集群根据行业专长匹配一位创业导师。这个"5∶1的创业指导比率"认识到，必须为早期风险导师和顾问授权，为受支持的创业企业家提供个性化教育。

可用的资源

通过富尔顿工程学院电机实验室中的启动中心的联系，学生团队可以访问各种各样的资源。这些资源包括但不限于投资者：许多投资者都是这个网络的一部分。通常提供给学生团队说明材料以获得反馈。实验室资源：从事工程或科学项目的团队通常需要通过富尔顿技术创新实验室使用实验室设备或原型设备。软件/硬件工程：许多团队需要接触编程和制造人才来推进他们的项目。这些资源可以通过特定学科的顶点课程/团队，推进他们的项目。原型制造：校园工作室、创客空间和制造设施可供种子计划企业使用。种子计划团队也可以利用钱德勒技术工作室获得额外的工具和资源。法律：在亚利桑那州立大学有一个补充的法律诊所，以获得早期法律问题的指导，以及知识产权顾问。行业和专家服务：亚利桑那州立大学为来访专家提供接待服务，涉及初创阶段财务和会计、公关和营销、商业发展、教育技术、医疗技术等领域。种子计划项目领域分类：30多家企业的种子元群组被组织成子群组，并按照下列行业纵向之一进行分类：

教育技术

能源/清洁技术

网络安全

餐饮/酒店

硬件

物联网/可穿戴

媒体/娱乐

零售/生活方式

社会/非营利

医药技术

软件/IT/e-com

2.2 英国的创新创业教育

中文中的"创业教育"或"企业教育",通常与"Entrepreneurship Education""Enterprise Education"相对应,本文认为"Entrepreneurship"译为"企业家精神"或"创业精神"更为贴切。

首先,从概念上讲,企业家精神(Entrepreneurship)可以被视为企业的重点应用。如果所有人都有创业的潜力,那么有些人可能会选择在商业环境中应用这些特征、行为和属性,因此可以被描述为具有创业精神(Entrepreneurship)。第二,愿望和/或进取心或创业能力可能会随着时间的推移而起起落落,这取决于许多影响因素。第三,个人可以学习变得更有进取心,并将在不同环境中开发和应用进取能力以应对不同深度的复杂性。并非所有个人都希望在创业环境中展示他们的能力。

在英语文献中,"Entrepreneurship Education"和"Enterprise Education"两个术语的使用需要区别对待。阿兰·吉布(Allan Gibb)指出,例如,"Entrepreneurship Education"(创业教育)一词通常是在加拿大和美国使用,但在欧洲不常用。英国和爱尔兰背景下的首选术语是"Enterprise Education"(企业教育),而不是"Entrepreneurship Education"(创业教育)。当前,"创新创业教育"已成为重要的研究领域,上述几个术语间的区别并不明显,在这里不再做辨析,只是提醒读者在阅读相关英文文献时注意有这样的区别。目前在英国企业或创业教育中也不一定会再做出这种区分。政府、大学、教育工作者和研究人员经常交替使用"企业教育"(Enterprise Education)和"创业教育"(Entrepreneurship Education)这两个术语。

2.2.1 英国创新创业教育的发展历史

与其他学科的发展相比,高等教育机构的创新创业教育是至20世纪后期才出现的现象。推动英国高等教育机构创新创业教育发展的主要动力来自于政府的政策举措和英国大学资金基础的变化两个方面。

20世纪70年代初石油危机爆发,在此后的10年间,英国国内经济一直处于负增长状态。由于失业率一直居高不下,政府认识到教育是推动解决当前经济社会问题的根本途径,在推进就业培训项目时开始强调自我雇用(Self-employment)的培训项目,开始有意识培养失业者创业意识、创业能力等。自20世纪70年代以来,越来越多的小企业提供了大量的工作岗位,其对经济发展的推动作用逐渐明显,与大企业当时不景气的情况相比,小企业、初创企业的作用一直受到重视,一些高等教育机构通过课程设计和推广来支持小企业的创建和发展,并一直努力将企业引入高等教育。

2.2.1.1 毕业生创业项目(Graduate Enterprise Programme,GEP)

汤姆·坎农(Tom Cannon)于1982年开始构思,次年英国政府发起毕业生创业项目(Graduate Enterprise Programme,GEP),其设计目的是帮助应届毕业生开始他们的事业。该项目1983年开始在苏格兰进行试点测试,1984年在英格兰启动。启动GEP项目主要源于英国政府对大学毕业生的担忧,一是英国的大学毕业生对自谋职业和小型企业的兴趣不如一些职业高,比如会计(1983年,将近10%的英国毕业生选择了会计职业);二是其在事业进取心方面也不如美国和日本的大学毕业生(在美国和日本,其中2%至2.5%开始自己的事业);三是毕业生的失业率问题。

GEP的具体目标没有看到有官方清晰的表述,从目前回顾的视角看,它的主要目标是增加英国大学毕业生创业的比例(或者至少是增加自我雇用的比例),还可能包括在大学中的小型企业培训部门的建立和发展(在1990年有10所大学和专科学院参与)以及通过榜样和案例研究为开发创业精神的开发做出贡献。GEP培训提供者受到严格控制,培训三个阶段的特定程序内容见表2-2所示。

表2-2 GEP学习阶段与内容

阶段1	阶段2	阶段3
在大学参加创业意识讨论会(半天,3000~4000名学生参加)	工作室学习(两天,最少1000名学生参加)	参加商业培训项目(12周,150~220名学生参加)

GEP面向年龄18~25岁的大学学生,教学方法使用不同于传统教学的创业指导方案,教材使用专门为参与者设计的工作簿和实践练习,6年后GEP

的第三阶段结束，仅留下研讨会和工作室作为刺激学生创业的方式。

GEP项目主要在1984—1990年间运行，其取得的成效开始受到关注。根据菲利普·德罗（Philippe Dro）的调查，13个成功的GEP创业企业负责人中，没有GEP的支持就不会开始创业。还有调查表明，GEP的主要影响是为年轻毕业生提供"加速"的动机。

表2-3是1983—1991年毕业生的就业结果分析。

表2-3 就业与培训学生总数

机构类别/年	1983-4	1984-5	1985-6	1986-7	1987-8	1988-9	1989-90	1990-91
综合性大学	72 973	72 046	69 923	71 574	72 589	73 641	75 971	77 449
理工学院	29 547	32 809	34 333	35 490	37 597	50 712	50 850	57 326
专科学院	10 385	13 903	15 464	16 008	16 083	32 437	28 968	27 394
就业与培训学生总数	112 905	118 758	119 720	123 072	126 269	156 790	155 789	162 169

表2-4 自我雇用人数与比例

	GEP试点	GEP1	GEP2	GEP3	GEP4	GEP5	GEP6	GEP仅工作室
机构类别/年	1983-4	1984-5	1985-6	1986-7	1987-8	1988-9	1989-90	1990-91
综合性大学	551	577	624	696	707	779	784	748
理工学院	383	561	677	663	688	650	805	826
专科学院	176	382	478	536	528	505	558	480
就业与培训学生总数	1110	1520	1779	1895	1923	1934	2147	2054
自我雇用的比例	1.1%	1.3%	1.5%	1.5%	1.5%	1.3%	1.4%	1.3%

数据来源：大学统计记录 教育与科学部

根据 2002/2003 年度的数据，参与 GEP 项目的在校学生达到了 13 154 人，相比上一年度人数增加了约 30%；参与的高等教育机构从 1990 年顶峰时期的 10 所增加到 30 多所。GEP 的项目中产生了很多学生创办的企业，该项目培养了学生的创业态度，增加了学生的创业经验。

2.2.1.2 学生企业项目（Student Enterprise Programme，SE）

1987 年，英国政府教育与就业部（Department for Education and Employment，DFEE）发起"高等教育创业计划"（Enterprise in Higher Education Initiative，EHE）。1990 年代初期，只有少数大学为其本科生或研究生提供创业或创业教育机会。至 2004 年，大学招生服务课程列表（Universities and Colleges Admissions Service，UCAS）已经清楚地表明，创业相关的课程已经广泛存在。

高等教育创业计划倡议在提出初期，没有考虑到学生如何参与，学生不会也不被期望参与企业的管理或运营。教育与就业部要求的绩效指标只是大学和雇主的参与时间，学生的参与和贡献不作为指标考虑。在后续的发展中，一些机构任命了最近的一些毕业生来运行所谓的学生企业（Student Enterprise）。

学生企业项目计划是高等教育创业计划意外的优势之一。在高等教育创业计划执行的后期，学生企业很快越来越受欢迎，到 1993 年，超过一半的高等教育创业计划拥有学生企业经理。这些计划涉及在各种不同领域和活动中开发的工作，但几乎所有计划都具备了共同的特点：学生代表、学生学习的整体方法、与学生会的伙伴关系（SUs）以及有效的传播和网络。尽管取得了相当大的成就，但学生企业没有足够的时间来发挥其全部潜力。当教育与就业部资金结束时，许多机构很快就终止了学生企业的资金。

2004 年，全国毕业生创业国家委员会（National Council for Graduate Entrepreneurship，NCGE）在英国成立，其旨在建立行业、学生和高等教育机构（Higher Education Institutes，HEI）之间的联系，以促进英国大学内的"企业文化"的改善为目标。同年 6 月，由英国贸易和工业部（DTI）和财政部提出了英国企业洞察运动倡议，得到了英国商业界和企业组织的支持。这一新的国家举措，其目的也是在于提高全社会参与企业的意识和愿望。自 2005 年以来，英格兰和威尔士的所有关键第四阶段的学生每年都有权接受 5 天的企业教育。"企业：解锁英国的人才"（"Enterprise: unlocking the UK's talent"）是英国政府于 2008 年 3 月启动的企业战略，其目的是要使英国成为世界上最具进取心的经济体之一。英国高等教育质量保证局（Quality Assurance Agency for Higher Education）认识到创新创业教育的重要性，于 2012 年出版了《企业和企业家教育：英国高等教育提供者的指南》（*Enterprise and Entrepreneurship Education: Guidance for UK Higher Education Providers*）。

2.2.2 英国创新创业教育的资金支持

与大多数发达经济体一样，英国有关创业教育政策的细节往往随着每一届新政府的变化而变化。但是，长期以来，创业教育政策的关注重点基本上能保持一致。正如阿兰·吉布（Allan Gibb）所阐述的，英国经历了一些旨在促进高等教育创业教育的新的政策倡议，其中一些政策聚焦于通过更广泛的教育课程来促进企业发展，另一些则聚焦于科学、工程和技术等特定学科领域内。伴随各类政策的提出，英国政府还设立各种基金，支持高等机构的创业教育，如高等教育创新基金（Higher Education Innovation Fund，www.hefce.ac.uk/reachout）、科学企业挑战基金（the Science Enterprise Challenge Fund，www.ost.gov.uk）、大学挑战基金（University Challenge Fund，UCF）和由高等教育学院（Higher Education Academy，HEA，www.heacademy.ac.uk）引入的一系列旨在支持将创业教育引入课程的项目。

为了支持大学的智力成果转化，英国政府于 2001 年成立了高等教育创新基金，这是为加强高等教育机构与企业合作而设立的基金，高等教育创新基金提供资金给高等教育机构，以"支持和发展大学与大学与更广泛的世界之间的广泛基于知识的互动，从而为英国带来经济和社会利益的经济利益"[①]。这些"知识交流"的互动超越了传统的学术活动，将学术活动与经济和社会知识的潜在用户联系起来。

高等教育创新基金旨在鼓励大学与商界建立联系，并建立伙伴关系，发展

---

① http://www.hefce.ac.uk/kess/heif/。

创新中心。科学企业挑战基金旨在鼓励向理工科学生讲授创业精神。大学挑战基金打算向大学工作人员提供种子基金，以协助他们成功地将良好的研究成果商业化。

2.2.3 案例展示

萨里大学（University of Surrey）总部位于英格兰东南部，在伦敦以南 30 英里处，有着悠久的促进创新和新企业的传统。1986 年，它开设了一个耗资 7000 万英镑的科学园（萨里研究园），该园区设有孵化器（萨里技术中心）。自成立以来，公园为该地区的经济发展和技术转移以及促进创新做出了重大贡献。入驻公司雇用了超过 2500 名员工，许多向当地公司提供技术，他们与当地公司有合作安排。科学园内的企业大约 2/3 的人员与大学有联系。科学园本身不仅是一家成功的企业，而且还催生了许多其他企业，其中包括萨里卫星技术有限公司（Surrey Satellite Technology Ltd），这是世界领先的小型卫星提供商。在 2000—2001 学年，萨里大学创建了 6 家分支机构，并签署了 14 份许可协议，提供了 12 万英镑的收入，并具有未来的获得特许权使用费的潜力。

萨里大学为了加强其在这一领域的活动，以多种方式获得了政府的支持。首先，它从高等教育创新基金中获得了资金，并任命了 3 个"创新网络经理"（技术转移人员），以确定大学和该地区内商业可利用的知识产权。此外，它已经任命了一名知识产权顾问，并设计了一个浮动量表，用于与专家共享净收入，使这位专家在净收入超过 50 万美元的情况下，获得最高 5 万美元净收入的 35% 至 70%。

此外，它还与该地区的类似机构建立了联系和合作伙伴关系，并成功地获得了大学挑战基金和高等教育创新基金下的合作资金。前者成立了一个创业投资基金，补充大学自己的 100 万英镑"种子基金"，并提供多达 30 000 英镑的"刺激资金"用于概念验证、市场研究等，"增长基金"为有发展前景的合资企业提供了高达 25 万英镑的投资。此外还有通过区域和国家商业天使和风险投资网络提供的资金。

最后，对高等教育创新基金的合作竞标的结果是创建了英格兰南部技术三角（Southern England Technology Triangle，SETsquared），该技术三角在科学园区内设立了一个前孵化器（SETsquared Centre），以促进大学内外研究成果商业转化。与其在巴斯大学（Universities of Bath）、布里斯托尔大学（Universities of Bristol）和南安普敦大学（Universities of Southampton）的合作伙伴一样，萨里英格兰南部技术三角中心（Surrey SETsquared Centre）面向的是具有良好商业理念的新生企业家，这些理念显示出高增长潜力，并与 4 所大学的知识（技术）基础相联系。它提供管理的工作空间，更重要的是，商业和技术指导、培训和网络机会。这些都是在本地和通过企业联合体等组织提供的。这项服务的一个重要组成部分是每 3 个月定期进行一次监测和审查，对其发展进行规划，并就需要掌握哪些技能和需要做什么提出建议，包括对退出的策略提供指导。由于这些意见是由经验丰富的创业导师及来自公共支援部门和本地专业服务机构（会计师、银行、律师等）的专家小组代表提供，因此科学园内的企业就与本地商界建立了联系。

经过一个完整的孵化过程，大学开始提高教职员和学生对创业机会的认识。除了管理学院的创业学士及硕士课程单元外，萨里大学工程学院亦设有创新本科学位课程（创业、资讯科技、科技及商业理学士学位），以及提供在线的 level 1（30 学分）创业课程单元。此外，通过学生会提供未经认证的课外课程（FUSE-Future University of Surrey Entrepreneurs），还有一个暑期学校为那些希望在毕业后创业的人提供。这是对短期课程和"新兵训练营"的补充，针对的是希望将自己的研究商业化或初创公司学者和科技公司员工。

最后，大学会提供相关的课程光盘，在光盘的帮助下，学习者能够按照自己的节奏开展工作，以制定启动、增长和推销其业务的计划。这样做的目的是，大学正试图创建一个完全一体化的孵化过程。在这个过程中，它的前孵化器、孵化器和科学园成为"明天的创业学校"。为了继续这一进程，大学在第二轮高等教育创新基金（HEIF 2）下又申请并获得了 320 万英镑的资助。这笔资金能够为学生建立企业实验室，并建立一个创业发展中心。该中心将协调和整合整个大学在创业方面的研究和实践。上述所有活动都是大学战略计划不可或缺的组成部分。

2.3 德国的创业教育

2.3.1 德国创业教育的发展历史

德国作为出口大国，在汽车、化工、机械等世界领先领域拥有多家全球性企业，而99%以上的企业为中小企业，以制造业为主的第二产业和第三产业分别占20%和70%左右。作为科学技术基本政策的高科技战略也认识到，为了使德国在21世纪保持经济强国的地位，创造创新对新企业是必不可少的，并相应地制定了创业支持计划。德国政府从1990年代开始慢慢扶持创业，比美国晚20年左右，总体来说，在创业方面，美国的大学普遍被认为是学术创业教育的先驱，欧洲大学的学科创业历史还相对较短。这个研究领域在欧洲过去几年中取得的成功经验，可以看出它正在迅速崛起，在德国尤其如此。

英语中的"创业教育"（Entrepreneurship Education）概念经常与德语"Unternehmerausbildung"或"Gründungslehre"对应。尽管在概念的定义上德语与英语有很多不同，但就创业的核心而言，它们都被视为通过创造新结构来识别机会和利用机会或主要在发展年轻企业的创业和成长方面得到体现。创业者的特点是可以假设为管理权和所有权的统一，以及对创业风险的接受和容忍。

德国创业教育和研究的历史可以追溯到1970年代初期，当时德国大学最早的创业教育活动大多是以课外活动的形式出现的。从1970年代中期开始，关于创业主题的第一个研究项目和教学活动在德国科研共同体（German Research Community）与科隆大学的中型企业研究所（the Institute for Medium-Sized Firms，IFM）的合作的支持下展开。在此基础上，1981年，科隆大学项目部门——创业研究部（Entrepreneurship Research，德语为"Gründungsforschung"）在第一次巴布森会议上，作为唯一参与的欧洲大学提交其研究成果[①]。从1990年代中期开始，各种形式的创业教育活动在德国展开，

---

① 这项调查由联邦经济事务和能源部资助，由德国人文科学促进捐助者协会实施，并由德意志科学基金赞助者联合会资助。

比如 1996 至 1997 年第一次商业计划竞赛，1997 年引入第一个创业讲席职位（Entrepreneurship Chair），设立使用德语的当前领先的科学会议，G-Forum 以及德意志研究中心（Deutsche Forschungsgemeinschaft，DFG）聚焦"跨学科创业研究"的发展等。

2.3.2 重要的政策、支持

1990 年德国统一后，德国经济低迷不振。当时，政府通过制造业，特别是中型企业"中小企业"通过促进出口进行结构性改革。为了生存而将业务扩展到海外的中小型公司发展了强大的竞争力，因此被称为"隐形冠军"，他们在世界上并不知名，但在利基市场上占有很高的份额。由于在利基市场快速增长所需的条件与创业公司的成功条件大致相似，在德国中小型企业繁荣的地方，可以成为创业公司的有利环境。与此同时，20 世纪 90 年代弗劳恩霍夫研究所开发的 MP3 音频编码技术，在全球范围内广泛传播，但并不是德国公司将其商业化。这是德国人在谈到自己虽然有很强的技术开发能力，但却不擅长技术转让时经常提到的一个例子。

为了改变这种状况，德国政府于 1998 年启动了创业支援计划"EXIST"。因此，大学将创业作为促进"技术转移"的方法，高等教育机构与州政府合作，逐步准备了各种创业教育项目和创业扶持资助项目。大约在同一时间，第一个集群计划于 1996 年启动，旨在促进从研究阶段开始产学合作，支持企业创建和创建生物和生命科学领域的区域网络中心。该集群计划称为 BioRegio Initiatives。根据德国初创企业协会（Bundesverband Deutscher Startups）2017 年发布的报告（Deutscher Startup Monitor 2017），在接受调查的 1837 家高科技初创企业中，约有一半是由区域集群创建的。该报告按常驻初创企业数量的降序列出了柏林市、北莱茵－威斯特法伦州和巴伐利亚州。2001 年，第一门创业课程被引入一所德国大学，并聘请了一名教授。截至 2017 年，16 个州的所有大学都聘用教授创业课程或创业的教师作为学科的教授，这些教授总共有 133 人（数据来源：Förderkreis Gründungs-Forschung e.V.，FGF）。

2.3.2.1 与创业相关的法律

（1）修订《高等教育框架法》（1998年）

在高等教育方面，德国的教育和大学研究决策的权利是在各州。1960年代，为了应对州政府的预算紧张和高等教育机构学生人数增加导致的教育预算增加，联邦政府修改了作为该国宪法的德意志联邦共和国基本法（The Basic Law for the Federal Republic of Germany）。1969年，逐步启用基于联邦和州政府合作的赠款。此后，1976年颁布了第258号高等教育框架法（The Higher Education Framework Act，HEFA），规定了各州通用的大学教育、研究、组织、管理等框架。该法随后进行了多次修订，并在1998年的第四次修订中增加了高等教育机构促进教育和研究以及公开技术转让的义务。

（2）修订《雇员发明法案》（The Act on Employees' Inventions）（2002年）

《雇员发明法案》于1957年颁布，规定了雇主和雇员的权利和义务，以及根据德国国内私人公司建立的私人公司发明的权利转让程序的权利和程序法律。自2002年修订以来，雇主（大学）共享了专门授予发明者（教授、研究助理等）的权利，作为回报，雇员已获得从发明产生的所有收入的30%的权利。这一变化引发了大学为促进许可的努力，并导致了他们积极的商业化努力。这项修订有助于加速大学通过废除所谓的"教授的特权"来加速大学利用知识产权和支持企业的创建。

2.3.2.2 政府发起的创业支持项目

德国联邦政府资助支持的大学创业项目，中心项目是由联邦经济事务和能源部（BMWi）运行的EXIST项目。

（1）EXIST（1998年至今）研发创业项目

EXIST项目于1998年启动，由联邦教育和研究部（BMBF）制定，旨在改善德国大学毕业生创办的创业公司少、大学提供的创业课程少，以及尽管大学进行了高水平的研究，但对创业公司未提供很大支持的情况。项目启动以来已经运行超过20年，现在是项目的第四阶段。最初的目标包括创建大学的创业环境和文化、实现大学第三项使命的技术转移、在创业支持方面取得良好效果，以及增加创业公司的就业机会从而创造价值。该计划最初仅适用于大学，但在 2006 年后，大学以外的公共研究机构也可参与该项目。

经过 20 多年运行和改进，项目名称由"大学创业"改为"科学创业"，主管部门由 BMBF 改为 BMWi。在第四阶段，EXIST 项目将提供三个子项目：

创业补助金（Gründungsstipendium）：对个人和团队发放补助金。

研究转移（Forschungstransfer）：团队补助金，在公司成立后提供。

创业文化（Gründungskultur）：支持大学创业网络。

自 2005 年和 2007 年以来，欧盟欧洲社会基金（European Social Fund of EU，ESF）分别为创业补助金和创业文化方案提供了资助。

（2）EXIST 对大学和个体的支持

EXIST 的特点之一是，它支持的不是大学创业项目或企业家发展项目，而是大学通过动员当地基础设施和产业来建立创业网络的努力。在 1996 年的第一轮征集中，从 109 名申请者中筛选出 12 家联合体进入文件筛选阶段，最终在 5 个地点采用了示范举措。由于一个联合体通常由几所大学和多个行业合作伙伴组成，因此几乎所有公立大学都加入联合体以进入该资助计划。这表明，由于 1990 年代后期的信息技术繁荣，人们对初创企业和新市场寄予厚望。大多数未被资助计划接受且未能从联邦政府获得资助的大学仍然因为符合申请要求而获得了州政府等的支持。因此，创业环境营造的势头越来越大，许多大学设立了创业支持部门。然后，在 2000 年，为个人和联合体提供的启动资金 EXIST-SEED 终于推出了。该子项目在创业准备期间提供了为期一年的资助，并为当前的创业资助计划提供了一个模型。在第一阶段，EXIST 主要针对本科生，建立的初创公司主要集中在信息技术和服务领域。该计划现在也对研究生和博士后研究人员开放，且不限于信息技术领域，为研究成果的商业化提供强有力的支持。

（3）EXIST 第四阶段的三个子项目概览

初创企业补助（Gründungsstipendium）

该子项目专为创业准备期而设，该奖学金为期一年。它面向大学或公共研究机构的学生和研究人员，以及毕业后 5 年内的校友可以单独申请，也可以以最多三人的团队形式申请。本科生在申请时必须修满毕业所需学分的一半以上。顾名思义，该奖学金旨在保障个人的生活，为每个在校生每月提供 1000 欧元，大致相当于一个月的平均生活费。硕士生每月获得 2500 欧元,攻读博士学位的研究人员获得 3000 欧元。许多理工科博士生被大学实验室或公共研究机构聘为研究助理或固定期限研究人员,除工资外,还获得上述金额的补助。此外,个人和团队的可自由支配费用分别最高可达 10 000 欧元和 30 000 欧元。学生或研究人员所属的大学或研究机构必须是创业网络的成员。在获得奖学金的同时,学生和研究人员可以通过向这个可自由支配的费用账户收取费用来参加创业研讨会并使用通过这些网络提供的指导服务。在申请时,学生和研究人员将新业务的想法提交给他们的大学或研究机构是其成员的创业网络,并指定导师。学生和研究人员在收到补助后的第 5 个月提交商业计划的中期报告,并在第 10 个月提交最终商业计划报告。学生和研究人员可以决定他们是否会真正开展业务,他们没有义务这样做,即使他们已经提交了业务的计划。申请的数量因年份而异,2007 年后每年收到大约 300 份申请,获得批准的数量在 50% 左右。

研究转移(Forschungstransfer)

该项目是在高级技术领域的创业项目中,为开发研究成果提供支持的项目。该项目可供由属于大学或研究机构和业务经理的工程师组成的团队、大多数团队与三名负责研发和一名作为业务经理的工程师申请。补助的发放分为两个阶段,第一阶段提供为期 18 个月的支持,如果需要继续进行重点研究,则可以将其延长至 36 个月。在此阶段,项目鼓励团队参加研讨会课程,这些课程提供有关业务程序、个人咨询和外部加速项目的一般知识。允许团队为兼职学生支付工资,并且在项目运行期间最多可获得 25 万欧元。补助的第二阶段有资格获得的是已完成其事先建立公司商业注册的团队,并以继续开发或获得外部贷款的名义覆盖高达 75% 或 180 000 欧元。与初创企业补助相比,该项目符合更多基于研发的高科技初创公司。项目要求申请人在必要时与大学或研究机构提交有关专利或许可证协议的书面同意。根据 2007 年至 2015 年的数据,对于第一阶段的补助金,提交了 879 个提案草案,经历了为期 8 周的文件筛选阶段,然后其中 350 个入围了。接着,将选定的建议转介给专家咨询委员会(陪审团)和相关申请人团队在委员会面前进行了演讲。该委员会对总共 225 项提案给出了"良好"等级,其中 212 个最终获得了赠款。从提交拨款草案开始,该过程大约需要 6 个月。在第二阶段,专家咨询委员会给出了 134 份申请中的 106 个"良好"等级,其中 95 个被批准。

创业文化(Gründungskultur)

这个子项目始于 1998 年 EXIST 启动,针对大学和研究机构,旨在创造创业文化,改善相关环境,基于研发成果增加新的创新创业公司的数量,是目前运行持续时间最长的一个子项目。更具体地说,该计划鼓励大学在校内产学合作办公室中建立一个可以称为创业网络的咨询办公室,并建立一个有助于从其研究成果中发现种子并促进创业的框架。在 EXIST 第一阶段完成后,很明显大学对创业支持产生了浓厚的兴趣。第一阶段,政府探索扶持创业的好办法,并尝试开发示范案例。第二阶段及以后的阶段可分为创业支持网络扩张阶段和高科技创业支持阶段。自 2006 年 BMWi 接手管理以来,政策逐渐转变为更加注重对高科技创业的支持。此外,随着高科技战略下大学和研究机构的研究预算不断增长,预计它们将面临更大的研究成果商业化压力[1]。从 2000 年到 2016 年,该项目总共提供了 121 亿欧元。今天,技术转移办公室 29 所研究型大学中的 26 所和 106 所大学中的 10 所技术学院[2],设有创业支持办公室,这清楚地表明该计划为建立创业支持做出了贡献。然而,与理工学院相比,研究型大学仍然更加注重基础研究,并且在将创业活动纳入其课程方面进展缓慢。

表2-5 EXIST 项目不同阶段申请与资助数量

项目阶段	申请数量	资助总数
EXIST I(1998)	109	5 个网络(20 所大学)
EXIST II(2002)	45	10 个网络(3 所大学)
EXIST III(2006)	76(2006)/63(2007)/46(2008)	47 个项目(86 所大学)
EXIST IV(2010)	124	22 个项目(25 所大学)

---

[1] Gründungspotenziale und Gründungsunterstützung an forschungsstarken Universitäten/Fraunhofer ISI 2017.

[2] 德国有 106 所大学(Universität/Technische Universität)、207 所专业大学和 51 所艺术、音乐和电影高等教育机构(截至 2017 年冬季学期)。由于大多数技术学院也有非工程学院,它们被归类为大学。

作为间接影响，创业文化计划的启动带动了德国大学开设创业课程。如今，几乎所有的技术学院和 29 所研究型大学中的 70% 都提供了创业课程。

2.3.3 高校创业教育开展情况

2.3.3.1 德国高校创业教育开展概况

在德国大学，创业教育可以作为一种方法来激发学生的创业兴趣或动机以及培养特定的创业能力和技能。在这一点上，德国的大学认为，学生以后是作为独立企业家还是作为受雇经理并不重要，重要的是更多地激活学生的创业精神、传授创业实践能力的问题。德国高校开展创业教育的一个基本条件是，创业思维和创业行为不是天生的，而是可以通过有针对性的培训和教育及经验培养来形成和促进的。

在德国，与企业家或创业技能相比，学校更加强调的是管理技能的学习。在高等教育机构中教授经济学（Wirtschaft）和商业管理课程（Betrieb Swirtschaft）的可以提高管理技能。这两个课程中有相当大的课程重叠。在德国，近 30 所大学提供工商管理课程，包括拜罗伊斯大学、柏林大学、多特蒙德大学、法兰克福大学、汉堡大学、基尔大学、曼海姆大学、蒙克便大学、芒斯特大学和沃兹堡大学等。

课程最短的学习时间为 4 年。可获得的学位包括商科文凭（Diplomkaufmann）和认证商业管理员（Diplom-Betriebswirt）、硕士（Magister，等同于 MBA）、商业管理博士（Promotion，PhD in business administration）和商业教育学位（Lehramtsprufung）。没有创业或小企业研究的学位。

在德国的大学里，商业教育被分为两个阶段或两个层次。第一阶段的工商管理课程，涉及会计与销售、经济政策、法律、数学、生产与成本理论和统计学等基础课程。此外，心理学常常是一门互补的学科。第二阶段（比第一阶段要高一级）涉及审计和信托、商业理论、公司研究、合作社、制造业经济学、金融经济学、工业商业理论、组织、销售和采购等课程。

在德国，高等教育机构包括大学和技术学校，还包括授予"文凭"学位的应用技术大学（Fachhochschulen），也有译为高等专科学校、技术学院等。应用技术大学是从以前的商业、经济、工程等学校和学院发展而来的。应用技术大学的高级讲师被任命为教授。他们进行的是与实践相关的研究，与大学（University）相比，他们的研究的重要性是次要的，更多的是与教学和实际工作相关的内容，能够让学生在实际工作场所测试他们的技能。因此，根据哈里森（R. Harrison）1973 年的研究，学生从具体的经验中学习。大卫·科尔布（David A. Kolb）的体验式学习模型（Experiential Learning Model）的应用表明，体验式学习可以提高创业技能。比如，奥芬堡应用技术大学，提供了独特的面向工程的工商管理课程。斯图加特大学提供了类似的课程，用于训练潜在的、能从寻找想法到发明再到商业化阶段的工程师。

2.3.3.2 创业教席教授职位（Entrepreneurship Chair）

创业教席是德国高等教育机构创业教育实施的一种主要形式，与美国的捐赠职位（Endowed Position）类似，也有许多大学将管理初创企业的教育制度化，而不是以特定创业讲席教授的形式。这些大学和理工学院（Polytechnic）在类型和规模不同的初创企业领域举办各类活动和项目，包括研讨会、讲座系列、研讨会计划、交流机会、创始人咨询、合作等。这些活动有时会与创业教席教授结合，并在传统科目（主要是工商管理）的框架内提供给学生，也有大学或理工学院将这些活动交由单独的机构管理。德国的许多大学和理工学院目前都提供这些类型的活动。

创业教席职位一般由赞助产生，赞助者可以是公立机构，也可以是私人或私立机构，比如联邦经济部和软件公司 SAP；也有一些本地银行和企业提供赞助。根据统计，在 1999 年德国全境只有 4 个州的 6 个教授职位在积极研究创业问题。到 2005 年，这个数字已攀升至 20 个研究机构，几乎遍布整个德国。在 1998 年至 2004 年的期间，德国大学创业教席的数量迅速增加。根据 2002 年创业教授职位调查（2002 Survey on Entrepreneurship Professorships）的结果，从 1997 年引入第一个创业教席开始，5 年后在德国确定了 49 个创业教席职位（包括两个荣誉教授职位）。创业讲席教授职位主要集中于商业、社会科学和法律领域，有些附属于自然科学/工程学院以及其他领域。

对于大多数创业讲席教授职位而言，教授职位的岗位工作内容都以公告的形式公开。FGF-report（Foerderkreis Gruendungs-Forschung e.V.，FGF）（作者注：FGF 是德语世界领先的和最大的创业、创新和中小企业科学协会）对创业讲席岗位公告的分析，通常的工作内容分为以下几类：

- 一般创业过程、企业形成、初创企业管理、创建公司、创建小型企业/自由职业。
- 衍生业务形成、MBO、MBI、继任、家族企业。
- 公司发展、企业的生存方式、发展经济学、公司合作。
- "从发明到创新"、创新业务形成、以技术为导向的业务形成。
- 企业家的人格和行为，尤其是创业公司在创立公司时的冒险行为。
- 对团体决策过程的分析支持、对业务形成过程的仿真研究。
- 初创企业融资、初创企业营销。
- 创业精神（企业家精神）、企业风险投资。
- 风险资本。
- 业务形成冲突、业务重组冲突。
- 创业教育和教学。

此外，许多教授职位还强调课程或跨学院课程中实践活动的重要性。一些教授职位也与行业或地区建立了稳固的联系。有些教授职位的年度资助预算从 75 000 欧元到 325 000 欧元（90 000 美元至 390 000 美元）不等。

2.3.4 案例展示

慕尼黑工业大学（Technische Universität München，TUM）在创业教育方面的努力

根据 Founding Radar（Gründungsradar）2016 年的调查报告，该报告监测高等教育机构的新业务创建状态，慕尼黑工业大学在大学部门的整体排名中名列前茅。TUM 于 1868 年在德国南部巴伐利亚州首府慕尼黑成立，是一所工程大学。该大学现在还设有医学和经济学院。这所历史悠久的高等教育机构拥有

167个系的40 000名在校学生，并培养了17位诺贝尔奖获得者。在2015年13.29亿欧元的预算中，基本支出以外的外部支出为2.85亿欧元，其中产业界提供4600万欧元。

作为德国领先的大学，TUM是德国卓越计划（Excellence Initiatives, Exzellenzinitiative）第一轮入选的三所学校之一，该计划于2006年启动，旨在提高大学研究能力，用于"未来概念"（Zukunftskonzept）子计划[①]，这是卓越计划的第三个支柱。TUM将其"未来概念"命名为"TUM，创业的大学"，旨在成为一所基于退出战略进行研发活动的大学。UnternehmerTUM GmbH是由TUM在校学生于2002年发起成立的独立于TUM的公司，它提供咨询、指导和孵化服务，并与大学官方合作，帮助创建的公司平均每年有50家。TUM还于2011年接受了EXIST创业文化计划，并于2015年为现有学生和毕业生设立了创客空间，稳步扩大了支持范围。

2.3.4.1 TUM创业支持：UnternehmerTUM

UnternehmerTUM GmbH是一家有限责任公司，成立于2002年，由苏珊·克拉滕（Susanne Klatten）全资持有，他是汽车制造商BMW的商人和大股东，他认同该公司的招股说明书。作为TUM的"An-Institut"[②]，UnternehmerTUM在加尔奇（Garching）到慕尼黑北部（Northof Munich）设有办事处，拥有70多名员工，它是欧洲最大的初创企业支持组织之一。它提供大学讲座和研讨会，并运行各种项目。UnternehmerTUM GmbH的预算以9∶1的比例由私人赞助商和巴伐利亚州政府提供，UnternehmerTUM的特点是其涉及行业 政府—学术界的合作运营风格。2006年，TUM提出"通过商业创造的创新"（innovation through business creation）和"具有企业家思维的大学管理"（university management with an entrepreneurial mindset）的概念作为

---

① "Institutional Strategies"是子计划Zukunftskonzept（未来概念）的官方英文名称，符合条件的大学是从另外两个子计划"卓越集群"（Clusters of Excellence）和"研究生院"（Graduate Schools）中的大学中选择的。"未来概念"项目提供可用于运营支出的"机构战略"为业务支出提供补助，用以在大学间进行筛选和实现各种概念。被选为"未来概念"子项目的大学获得"卓越大学"的称号。

② An-Institut指法律上独立于大学并允许在大学内开展销售活动的机构。它与所在的大学关系密切，常常位于大学校园或国家科技园区内。它可以采取各种形式，包括基金会、非营利组织、有限公司等。

其战略。TUM 的特征之一是，大学既有自上而下的方式支持创业的框架，也有由 UnternehmerTUM 的学生（研究人员）发起的自下而上风格的活动，比如 UnternehmerTUM GmbH。

（1）UnternehmerTUM 的教育项目

UnternehmerTUM 最初是一个教育项目，但随着多年来认真想创业的学生人数的增加，逐渐扩展到创业支持。该公司目前提供的许多教育课程不仅侧重于教授创业知识的创业教育，而且侧重于学习技术开发技能的教育（Tec-Education）。德国的大公司起初并没有参与这个项目，但对初创公司或初创项目逐渐产生兴趣，慢慢开始变成与初创公司合作开发或提供资金，从而扩大他们的参与程度。UnternehmerTUM 针对感兴趣的学生和研究人员，旨在吸引人才，特别是顶级人才。该计划稳步取得了良好的成绩，包括由 UnternehmerTUM 支持的 TUM 团队 WARR[①] 在 2017 年美国 SpaceX 举办的 Hyperloop 比赛中获得最高奖项。

UnternehmerTUM 可以提供意义重大但又可让学生感觉可以实现的目标，即成为企业家。一个学生主导的创业团队在经过 18 个月的研发活动后在国际比赛中获得第一名，这种成就也很重要，因为团队不是由教授而是由学生领导，它会激发其他学生创业或将新技术商业化。TUM 在其经济系设有管理学院，由 4 位教授教授创业课程。他们教授有关商业创建和管理的理论，同时学生还可以在 UnternehmerTUM 提供的课程中学习实践知识。UnternehmerTUM 培养学生的管理技能，他们不仅可以在 TUM，而且还可在该州的所有高等教育机构和公共研究机构（包括弗劳恩霍夫协会和马克斯普朗克协会的研究中心）学习技术。随着业务量的增加与提供资金的天使投资和风险投资公司的数量不断增加，慕尼黑的创业环境已经得到了改善。

（2）UnternehmerTUM 的加速和孵化计划

UnternehmerTUM 的业务包括孵化、加速、咨询、投资和原型设计，但不包括教育。特别著名的是该公司的 Tec Founder 项目，它集合了慕尼黑工大的

---

① http://hyperloop1.warr.de/。

加速器项目,并邀请了慕尼黑工大以外的人员申请。这是一个为期4个月的加速计划,提供实用的项目来支持创业公司的成长。它们不是为了示范目的的模拟项目,而是诸如宝马、博世、费斯托等大公司的试点项目,学生们实际上也参与其中。这个项目评价很高,因为学生可以参与上述大公司的实际产品和服务项目,并在4个月期间接受个人指导,包括辅导和指导。演示日将在项目结束后举行,参与者将展示他们在4个月期间学到的内容。此次活动还邀请了商业天使和风险投资基金,提供直接会见潜在投资者的机会。通过利用慕尼黑工大作为一所技术大学的优势,该项目旨在鼓励在基础研究、工程学和工业相结合的基础上创建稳固的业务。

UnternehmerTUM 专注于主要在 ICT、医疗工程和清洁技术领域的研发启动支持。此外,它还于 2011 年成立了自己的风险投资基金 UnternehmerTUM Venture Capital Partners GmbH,投资于种子期公司和 A 轮和 B 轮融资。除此之外,UnternehmerTUM 还建立了管理人才数据库 Talent.Pool,从而将拥有技术种子的研究人员与管理候选人匹配,如今已有 300 多名现有学生和毕业生在 Talent.Pool 注册。

2.3.4.2 An-Institut,fortiss GmbH

与 UnternehmerTUM 不同,fortiss GmbH 是一家专门从事软件和系统研发的公司,由巴伐利亚经济、基础设施、运输和技术部全资拥有。它成立于 2008 年,旨在连接学术界和工业界,从而鼓励双边互动,即不仅从基础研究商业化到工业应用,而且从工业挑战中产生大学的研究理念。

(1) fortiss GmbH 的作用

fortiss GmbH 从事研发从自动驾驶的各种解决方案到与汽车驾驶和飞机飞行有关的软件。除此之外,fortiss 还为研发路线图的创建和技术咨询提供建议。为什么 TUM 的研究人员要在 fortiss 做博士项目和博士后活动?首先,因为他们认为 fortiss 是通过参与行业项目来展示自己潜力的最佳场所;另外,他们可以通过将 fortiss 作为一种孵化器来确定他们的创立公司的可能性。fortiss 为州和联邦政府以及欧盟级别的智囊团提供咨询服务,这对年轻研究人员也很有吸引力。fortiss 大约 60% 的研究项目由州和联邦政府以及欧盟资助。

fortiss 的研究预算一般分为州政府提供的基本费用占 30%，战略项目资金提供 30%~40%，工业合同研究收入占 30%。fortiss 不是研发服务提供商，旨在连接顶级研究成果和市场，它不接受合同工作，通过仔细审查项目来确保优秀研究人员的潜力。fortiss 开发的软件通常以开源形式发布，通过与公司签订合同开发的软件的 IP 属于订购公司。fortiss 在计划以专利为基础开展业务时，获得专利只是作为一种保护措施。上述只是 fortiss 作用的一部分，作为一个研究中心，fortiss 有许多博士参与其中，fortiss 要做的是让他们随心所欲地写论文。

（2）慕尼黑作为 ICT 研发中心

慕尼黑正在开发类似硅谷的创业支持环境。诚然，美国在商业软件、互联网、操作系统和智能手机平台领域占据主导地位，但欧洲在嵌入式软件方面实力雄厚，如果仔细观察，德国在许多领域都超过了美国，包括机器人、汽车系统等。fortiss 的管理层自豪地认为该公司是以色列魏茨曼研究所和美国斯坦福研究所的竞争对手。该公司不仅强调研究的重要性，而且还强调应用到市场的重要性。fortiss 还致力于创建 KIC（知识和创新社区）的本地网络，该网络曾经被称为欧盟欧洲创新与技术研究所（EIT）下的 ICT 实验室。

在大学从事教育和研究的同时，fortiss 还划清界限，以研究和技术转让为己任。fortiss 在上述活动中不提供教育或职业培训。

2.3.4.3 数字技术与管理中心（CDTM）

慕尼黑的两所大学，慕尼黑工业大学（TUM）和慕尼黑大学（LMU），是德国历史悠久的一流大学，均是卓越计划成员。在 1998 年，他们共同成立了 CDTM，以合作开发工程/管理人才并提供创业支持。CDTM 的倡议者已经认识到，业务管理者将需要了解 IT，还需要管理和技术信息才能做出正确的业务决策，而学习软件技术的学生除非了解业务，否则仅凭软件开发技能无法开发出好的软件。CDTM 提供实用课程，学生可以在其中学习管理和信息学。

CDTM 以美国麻省理工学院（MIT）为蓝本，该学院因其在信息交换和网络方面的跨学科方法而受到高度认可。然而，也存在一些挑战：1）CDTM 缺乏类似于 MIT 所需的资金；2）德国大学的院系相当独立，不相互交流，而在美国，每个基于主题的集群都追求跨学科的研究和教育；3）由于慕尼黑大学的学院非常分散，没有像美国大学那样营造一体化校园的形象，因此按原样引入 MIT 的框架是不切实际的。因此，CDTM 是在将原 MIT 模型本地化后制定的。

CDTM 是一个自治组织，由 10 名博士课程研究人员管理和运营课程。这些研究生负责课程的日常管理，而两所大学的教授则以导师的身份参与其中，职位相当于公司的董事会。研究生（博士生）平均参与 4 年。一些学生在完成 CDTM 课程并开始他们的博士课程后加入 CDTM 作为工作人员，而另一些人则在来自不同州后直接成为 CDTM 工作人员。

CDTM 为完成其课程的人提供证书，不是硕士学位等官方头衔。课程以英语授课，申请对高年级本科生开放。许多参与者是硕士生。CDTM 每学期平均招收 25 名学生。课程分 3 个学期（1.5 年），因此共有 75 至 100 名学生。

CDTM 的课程结构

（1）趋势研讨会（第一学期）

在数字技术的未来挑战领域中选择一个主题，25 名学生分为 5 个小组，并采取以下步骤：1）提取概括发展趋势；2）描绘 2030 年左右的情景；3）制订开发商业模式并讨论问题的解决方案。在提取 1）中的趋势时，学生从技术趋势、社会挑战、当前商业模式、政治和法律分析以及环境问题等外部因素等角度进行分析。最后，在 3）阶段学生完成了 5 种商业模式和服务模式。

（2）管理产品开发（第二学期）

学生参与原型制作。从采用以人为本的设计方法开始，学生直接与公司员工交流，并为实现开发原型的目标而努力 3 个月。

（3）创业实验室（第三学期）

这是一个实践项目，学生为创业公司提供战略咨询。当这些公司分析市场并制订行动计划时，他们会为初创公司提供建议。该计划的目的是通过实践让学生了解创业意味着什么，以及人们通过与初创公司合作创业时需要什么。

在过去的 20 年里，有 600 名学生完成了 CDTM 计划并创办了 120 家初创公司。CDTM 的最初目的是培养能够通过采用跨学科思维随时做出创新决策的管理人员。CDTM 不关心这些经理是在大公司、政治舞台还是初创公司使用这些技能，但 TUM 和 LMU 都有自己的创业中心提供创业支持。初创公司的领域从媒体行业到体育行业，再到制造业，有些初创公司是 B2C 业务，有些是 B2B 业务。似乎有很多 B2B 初创公司，部分原因是巴伐利亚州高度工业化，而 CDTM 中与生命科学相关的初创公司很少。

TUM 创业案例：Venneos GmbH

基于 MPG 专利的生物测量设备制造商。

MPG 研究人员和 TUM 的 BA 持有者是主要成员。

Venneos 是根据慕尼黑 MPI 生物化学公司的 Fromherz 教授研究的脑机接口技术而建立起来的，他的研究对象是马克斯普朗克生化研究所。Venneos 申请并被接受加入 BMWi 的 2011 年的 EXIST 研究转移计划。Venneos 于 2012 年至 2014 年底获得 EXIST 研究转移的第一阶段资金，并于 2014 年至 2015 年底获得第二阶段资金。由于成立公司是第二阶段资金的先决条件，Venneos 于 2014 年注册（7 月）。由于 EXIST 是一个促进大学和研究机构创业的项目，Venneos 需要一个挂靠的机构。当 Fromherz 教授从 MPI Bio Chemical（Munich）辞职后，Venneos 需要寻找新的挂靠机构，并搬到马克斯普朗克学会下属的位于斯图加特的智能系统研究所（MPI Intelligente Systeme）。创始成员是完成了 TUM CDTM 项目的三名 MPI 研究员和一名来自 TUM Talent.Pool 的经理。基于 Fromherz 教授开发的技术，成员们开发了分析大脑神经回路的技术。当这项技术后来被证明适用于其他细胞的分析时，MPI 研究人员决定在 2011 年建立一家基于这项技术的公司。Venneos 的目标是首先将这项技术推广到大学和研究机构等学术领域。如果下一代设备完成，该公司可能将其推广到化学、生物、药物发现和其他领域。Venneos 被称为 B2B 初创公司，瞄准的是德国强大的中型公司利基市场。

2.4 总结和启示

上述是对三个发达国家创业教育的概览，在内容上作者没有办法做到完整和全面,在资料搜集和阅读整理过程中,本书认为有这样几点启示供读者参考。

2.4.1 社会文化环境、创业意识和风险容忍度

这里涉及两个方面,一是社会文化环境对创业意识的影响;二是社会文化环境对风险的容忍度不同。在中国有很多商业传统厚重的地区,孕育了历史上重要的商业力量,比如晋商、徽商、浙商等,浙江温州至今仍是具有浓厚经商传统的地区,这种浓厚的经商的社会氛围一定在潜移默化地影响人的认知。在这种氛围影响下的人,对于风险的容忍度一定在社会整体平均水平之上。同时,一旦有成功的案例,则示范的效应更加显著。而在缺乏这种社会氛围、社会共识的环境中,人对风险的容忍度会很低,趋向保守。即使在创业教育发达的美国,在许多地区为新企业形成提供强有力的政治、经济和文化支持的同时,也有很多地区仍然非常注意规避风险。这里可能有地理、经济上的原因,也可能是决策者根据地区实际的判断,这种判断里可能就包含了当地相对保守的社会文化环境的因素。在德国也一样存在这类问题,比如,在一些大学(university,不是理工学院 Polytechnic 或应用技术大学)中,相当多的教授仍然认为大学(研究生院)才是研究和产品开发的场所,商业化应该留给公司。这种认识上的根深蒂固会影响创业教育实施的形式和结果。回到中国,创业教育是在制度化教育体系内部进行,社会共识一旦形成,人们在认知上对创业的阻力就变小,更多的资源可能会被汇聚整合为创业可利用的资源。2010 年后中国经济体量爆发式的增长,在客观上促进了社会对于创业和创业教育共同认知的形成,这对于中国高校创业教育的发展是一件好事。

2.4.2 政府应该做什么?

政府应该在创业教育过程中扮演什么样的角色?它在这一过程中应该起到什么样的作用?在美国,政府的角色更偏向一个问题解决者和规则制定者。美国是个完全市场经济国家,创业教育是学校行为,是企业行为,政府的作用在于调节和解决在创业教育过程中的问题,比如文中提到的贝多法案就是用于解

决政府、高校和企业间知识产权以及商业化的问题。英国与美国类似，除出台法律规范创业教育，还设计各类资助项目以引导创业教育的发展。根据德国初创企业协会的问卷调查，许多回应调查的初创企业都呼吁放宽监管，简化复杂的审批程序等。德国在风险投资和其他金融支持方面落后于美国和其他领先的创业国家，因此德国还必须在每个阶段增加商业天使和风险投资公司的数量。许多人都在主张德国大学的创业教育体系应该做出调整，在学生上大学之前，就应该为学生提供创业和社会贡献课程。

所以，政府要做学校和企业不能做的和应该做的事，即一个整体的支持系统的建设。一个成熟的支持系统，应该涉及两方面，即硬件，比如大学创业场地、基础设施建设等，和社会文化环境、创业文化氛围建设等软件等方面。一个成熟的支持体系能够起到监管、引导、适度干预以及支持的作用。

2.4.3 我们需要什么样的师资？

将德国的创业教育与美国、英国的创业教育进行比较，可以发现总体上不同的趋势，即德国（以及欧洲其他地区，特别是德语地区）创业教育主要优势在于他们的实用方法。而美国的创业教育往往集中在阅读、案例研究和来自客座演讲者和讲师的讲座上。相比之下，德国（或欧洲）的项目更具实用性。比如丹麦的创业教育课程包括诸如如何构建商业信函、如何订购库存以及如何谈判交易等实践方面。这种差别应该是由不同经济文化背景导致的对创业教育的理解造成的。

国内的创业教育起步晚，但因为在其前面已有成功经验可以借鉴，因此有很大的后发优势。德国的创业教育主要以创业讲席教授的形式展开，由教授开展创业教育教学和研究。德国的理工学院和应用技术大学的创业教育与产业界联系紧密，研究型大学则相对较弱。美国的创业教育中的捐赠职位与创业讲席教授类似，一般由私立公司或机构捐赠，这些职位由捐赠者的管理者担任，他们一般是已经创业成功的企业家，主要以讲座的形式讲授创业经验，指导学生的创业实践等。而我国高校创业教育在过去几年中开始受到重视，师资的问题开始引起注意。高校鼓励教师从事创业实践、企业管理等活动获取创业教育指导经验，同时在不断吸收一些有创业经验和相关专业背景的社会人员进入创业教育师资队伍。这样的做法与发达国家的做法在逻辑上是一致，符合我们当前的教育实际，能够一定程度弥补高校教师数量和实践经验不足的缺陷，而且还可以丰富创业教育的内容。

第 3 章

中国高校创新创业教育现状

高校创新创业教育,越来越受到世界各国政府和政策制定者的重视。欧美等西方发达国家高校创新创业教育起步早,经过几十年的发展,成效显著。相对而言,我国高校创新创业教育起步较晚,在理论研究与实践上仍需进一步的探索。

3.1 中国高校创新创业教育现状

3.1.1 高校创新创业教育发展的历史背景

中国高等教育发展历史中,知识本位的价值观始终主导着大学的行为取向,大学以研究"高深学问"为己任。1990 年代末,中国高等教育开始迈入从"精英教育"到"大众教育"的过渡进程中。在此后的 10 年间,大学的扩招以及 1998 年的亚洲金融危机,叠加效应带来的直接问题就是就业问题。1990 年代末期的经济全球化和新兴电子信息技术对整个世界的经济结构、社会结构和职业结构产生了重大影响。中国高等教育"被迫"进行改革,打破免费高等教育和毕业分配制度,改为收费上学和毕业双向选择、自主择业。

为适应这种改变,高校在指导思想上作出调整,改革"精英教育"模式下的课程设置、教学方法、教学内容以及评价制度等方面,开展创新创业教育,以开发学生的创业能力、提高学生的生存能力和竞争能力，使学生自主创业，缓解就业压力，由"求职者"转变为"创业者""企业家"。1999年，中央开始重视创新创业教育的问题。在1999年的全国教育工作会议上，江泽民指出："要帮助受教育者培养创业意识和创业能力。通过教育部门的努力，培养出越来越多的不同行业的创业者，就可以为社会创造更多的就业机会，对维护社会稳定和繁荣各项事业就会发挥重大的作用。"李岚清在会上也指出："要探索鼓励高校毕业生自主创业的有效途径和相应的政策措施，通过政府设立小额贴息贷款，或借助社会风险投资基金等方式，扶持大学生开办、承包和改造企业，特别是小型科技民营企业。"

教育部在1999年发布的《面向21世纪教育振兴行动计划》中提出了"加强对教师和学生的创新创业教育，鼓励他们自主创办高新技术产业"。同年，中共中央、国务院发布的《关于深化教育改革全面推进素质教育的决定》中，提出了高等教育要重视培养大学生的创业精神。在1999年中央提出创业教育之前，清华大学在1998年5月举办了中国最早的大学生创业计划竞赛，而其他高校此时还没提出和实施创业教育。

3.1.2 高校创新创业教育发展的阶段

自1999年开始，回顾我国创新创业教育发展的二十余年，大致可以分为三个阶段。第一阶段是初创时期，第二阶段是稳定发展期，第三阶段是深入发展期。

3.1.2.1 初创探索阶段的高校创新创业教育（1998年至2002年）

1998年清华大学的大学生创业计划竞赛被视为中国高校创新创业教育的开端。1999年、2000年，连续两届"挑战杯"大学生创业竞赛成功举办。同期，为了支持学生有足够的创业时间和给予足够的创业自主权，政府在政策层面予以明确支持，比如学生可以在保留学籍的前提下进行校外创业。教育部于2002年4月在北京航空航天大学召开了创业教育试点工作座谈会，确定了中国人民大学、清华大学、北京航空航天大学、黑龙江大学、上海交通大学、南京大学、南京经济学院、武汉大学、西安交通大学等9所大学为创业教育试点院校,自此以后,国内高校开始了大学创业教育的研究和探索。在这一阶段,一些高校,如清华大学、复旦大学、华东师范大学等众多高校在创业领域进行了主动的研究和探索。华东师范大学开设了创业教育课,开始讲授包括企业家素质、企业管理、企业经营、风险投资和法律法规等内容。大连理工大学实施"创新人才培养工程",探索和研究创业教育的课程体系、教学内容、教学方法和手段等,从学生的实际出发,激发学生的创业意识,提高创业的能力。北京航空航天大学成立了创业管理培训学院,建立大学生创业园,以商业化运作的方式为学生创业提供服务;此外,学校还设立创业基金为学生创业计划提供融资服务。

这一阶段,越来越多的高校开始加入实施创业教育探索的队列,开展的形式主要有:一是开设相关课程;二是组织举办创业活动,同时给予经费支持,比如各类创业竞赛。总体来看,似乎高校间在实施形式上大同小异,但可以看出不同高校创新创业教育理念上各具特色,有不同的偏重。整体来看,在此阶段,各高校还未发展出成熟的创新创业教育的创业理念和组织实施模式。

3.1.2.2 稳定发展期(2002年至2010年)

以2002年教育部创业教育试点工作座谈会确定9所创业教育试点院校为起点,中国高校创新创业教育开始进入大发展时期。政府部门的介入标志着高校创新创业教育开始进入稳定推进阶段,这一阶段是各高校开始探索创新创业教育理论和规律的关键阶段。在这一阶段各高校勇于探索创新创业教育的实施形式,比较有影响的有,复旦大学设立千万元级别的创业基金,另外专门拨款100万用于支持学生科技创新行动计划;武汉大学的创新、创造和创业三结合的"三创"教育的开展;清华大学半价出租写字楼用于学生创业;黑龙江大学设立了非学历教育的创业教育学院,开设创业相关的选修课程,编写创业教育教材等。这一时期,政府的推动对于高校创新创业教育的发展起了很大的作用,由于有政府推动,高校响应和跟进的速度很快,用"立竿见影"来形容也不为过,至今中国的高校还是处于政府办大学的思维惯性中。由于有政府的推动,高校迅速响应,推出各种形式实施创新创业教育,比如浙江理工大学的创业教育强化班、中央财经大学的创业先锋班、重庆大学的校园创业教育公益讲座、河南科技大学的创业管理学选修课等，以及很多高校开展的大学生创业竞赛等活动。

3.1.2.3 深入发展期（2010年至今）

2010年，"高等学校创新创业教育和大学生自主创业工作"视频会议召开。同年5月，教育部下发了《关于大力推进高等学校创新创业教育和大学生自主创业工作的意见》文件，文件要求相关部门全力以赴，抓紧落实各地关于促进大学生创业相关政策的研究，同时应该促进全面合理有效的大学生创业服务体系和相关基地建设的进程，鼓励和扶持大学生创业，为大学生创业提供创业资金的大力支持，要求各地区、各高校尽快出台促进大学生创新创业教育的措施。2012年8月，教育部办公厅下发《普通本科学校创业教育教学基本要求（试行）》的文件，文件明确高校创业教育的教学目标、教学内容、教学方法以及教师队伍、条件保障、评价体系的相关内容，对高校创业教育的规范化和科学化都起到了推动作用。2015年5月，国务院办公厅下发《关于深化高等学校创新创业教育改革的实施意见》，此文件为高校开展创新创业教育提供了理论指导和政策参考。2016年教育部《关于做好2016届全国普通高等学校毕业生就业创业工作的通知》文件要求全国高校自2016年起全部设置创业教育课程。中办、国办2017年联合下发的《关于深化教育体制机制改革的意见》提出"双创"教育要渗透到高校人才培养过程中。2018年国务院下发的《关于推动创新创业高质量发展打造"双创"升级版的意见》凸显"双创"在社会发展中的定位。

这一阶段，教育部等国家部门密集发布各类关于创业教育的政策文件超过40个，这种力度大大促进了高校创业教育的发展，为高校创业教育提供了政策支撑和理论指导。这一时期，政府对"双创"工作高度重视，与此同时各高校已逐渐探索出具有特色的创业教育模式，社会大众和高校学生对创业观念开始具备了一定的共识，尤其在高校内部，学生对创业过程、创业精神有了认知，对于创业技能和能力的提升有了更深入的认识，客观上形成了外部依托政府政策支持、市场调节，高校跟进推进，支持和鼓励学生创新创业并且学生主动认可的一个良性互动的局面。各类创业竞赛活动客观上拓展了学生的视野，高校也以开放的态度邀请或引进社会上的创业企业家进入校园,分享创业经历,指导创业活动。

3.2 中国高校创新创业教育的发展成就

我国高校创新创业教育是内外各种因素影响下的结果。从外部因素来看,直接的外力来自于政府,而政府的决策动力来自于经济社会发展的现实。从内部因素来看,高校自身应对经济社会发展要做出反应,适应时代的发展,因此这是一个内外因素合力的结果。经过20年的发展,我国高校创新创业教育在探索中取得了一定的成效,具体体现在以下几个方面。

3.2.1 创新创业教育基础政策保障体系的形成

1990年代末期开始的高等教育大众化进程,使得毕业生的就业问题凸显出来,政府开始意识到开展创新创业教育的重要性。从十七大报告中"以创业带动就业",到十八大报告"鼓励多渠道多形式就业,促进创业带动就业,做好以高校毕业生为重点的青年就业工作。加强大学生职业技能培训,提升就业创业能力,增强就业稳定性",再到十九大报告的"要不断激发和保护企业家精神,进一步健全公共服务体系,促进高校毕业生等青年群体多渠道就业创业"的表述,足见党和政府对高校创新创业教育的重视程度。在政府的推动下,高校积极开展对创新创业教育的研究,各类研究报告、论文等成果逐年增多,创新创业教育成为一个快速发展的研究领域。党和政府不断出台各种政策,规范和引导高校开展创新创业教育,将大学生创新创业教育作为中国特色社会主义现代化建设人才培养的重要任务。自1998年清华大学开始创业教育以来,至2019年,国务院及政府部门颁布的政策法规已超过了40个,政策体系已初步形成,促进了高校创新创业教育的良性有序发展。

3.2.2 创新创业教育实践体系初具规模

创业实践是创新创业教育的重要组成部分。实践环节对于学生创业理论知识的掌握、实操能力的提升以及增强创业信心和创业意识都有重要的实际意义，实践是知识转化的必经阶段。我国高校创新创业教育自 1990 年代末引入国内开始，不断吸收和借鉴国外创业实践的有益经验并逐渐探索出适合高校自身实际的创业实践形式，目前已形成了初具规模的创新创业教育实践体系。在国家层面，"挑战杯"系列竞赛，在 20 年间发展成为我国高校学生创新创业竞赛的主要赛事，在广大青年学生中的影响力和号召力在不断增强。"挑战杯"竞赛已成为我国高校学生参与科技创新活动的重要平台，中国香港、澳门、台湾众多高校积极参与竞赛。"创青春"全国大学生创业大赛等全国性的竞赛在原有"挑战杯"中国大学生创业计划竞赛的基础上，自 2014 年以来每两年举办一次，其影响力也在不断增强。

此外还有当前在国内具有影响力的互联网+大学生创新创业大赛，目前已形成了国家、省、市、校的四级竞赛规模体系。在地方政府和高校层面，各类创新创业教育实践的探索也在积极开展。高校建立大学生创业园、创业孵化器、建设科技创业基地、创客空间等，以各种形式支持大学生创业实践。部分高校结合学校实际情况，通过多种形式和载体鼓励学生参与各类创业活动，比如，为学生提供金融、法律等方面的咨询服务，免费的创业辅导项目以及项目孵化等服务，为大学生的整个创业实践提供全程的服务支持。总体来看，经过多年的发展，国内高校在创新创业教育实践上的探索已经初具特色和规模，国家、社会、高校的三级协同联动机制初步形成，为高校创新创业教育实践的效果提供了保障。

3.2.3 中国高校创新创业教育模式的形成

上文提到，教育部在 2002 年确定了 9 所高校作为创新创业教育开展的试点院校，经过多年的探索实践，目前我国高校创新创业教育开展的形式基本上概括为以下三种主要的模式：

3.2.3.1 专业教学与课外学习结合模式

这种教育模式认为，创新创业教育应该帮助学生形成必要的创业理论和知识结构，着重培养学生的创业意识。在这种指导思想下，创新创业教育需要将课堂教学与课外（学习）活动结合起来。课堂教学的形式和内容要增加和调整以适应创新创业教育的要求，同时选修课的比例增加，学生自由选择适合自身的课程，以培养和提高学生创业意识、创新思维为导向，倡导参与式教学方式以及评价方式改革等。采用这种模式的典型代表是浙江大学和中国人民大学。在专业教学之外，各类创新创业教育相关的活动，如讲座、竞赛活动等，鼓励学生大胆、创新性地参与其中，以项目为载体和团队组织形式开展创新创业教育。

3.2.3.2 专门机构推进模式

这种模式注重学生创业技能的获取和参与创业实践意识的培养。通过如创业园、创业孵化器等创业环境的建设，为学生创业提供基础支持，鼓励学生积极参与创业实践。黑龙江大学设立了非学历教育的创业教育学院，除此之外，黑龙江大学还在校内设立创业教育领导小组、创业教育协调委员会、专家组等6个校级部门，试点推进创业教育；构建了"通识＋专业""理论＋实践""选修＋必修""线上＋线下""课内＋课外"的课程群，实现"思创、专创、科创、就创、产创"多点协同创新发展。北京航空航天大学成立了创业管理培训学院，专职负责学生创业事务。学院开设创业类课程，建设大学生创业园，设立种子基金对学生的种子项目进行评估和运作。创业管理培训学院目前已形成整套创业流程，学生创业者经过项目孵化后直接进入科技园区创业，形成了一套新的创业流程。

3.2.3.3 以创新为核心的综合模式

这种模式重在学生专业知识和基本素质的培养，同时也为学生在创业资金和创业问题等方面提供支持。比如，上海交通大学十分注重学生整体素质的培养，其创业教育以创新和创业型人才培养为目标作为基本框架和内容。学校注重提高学生的实际参与能力，在校内建设了多个实验中心和创新基地供学生使用。此外，学校还创造各种外部条件支持学生参与创业项目，比如2015年4月，上海交通大学与上海地产集团、闵行区政府共建"零号湾——全球创新创业集聚区"，主要培育和孵化科技型创业企业，通过搭建完整的创业服务平台，吸引和凝聚国内外高校在校生、校友以及青年教师入驻创业，充分发挥智力、科技、人才、信息和平台、资源、资本的集聚优势，为创业者提供适合初创业起步的生态园区，以及相应的创业加速器和接力园。同时，上海交大国家大学科技园建有全国首批大学生创业基地，涵盖工商、税务、财务、法务、知识产权、人力资源、管理咨询等诸多基础公共服务以及创业导师、辅导员、联络员三位一体的孵化模式，为学生创业提供强有力的支持。

3.3 当前制约中国创新创业教育发展的问题

3.3.1 政策的过度保护问题

上文在论述中提到，自 1998 年起，政府在 20 年左右的时间里出台了 40 余项政策和法规，这里反映出的问题有，一是政府对于高校创新创业教育的重视程度；二是中国高校创新创业教育模式政府主导性质。政府主导与结果好坏之间不存在因果关系，中国的高等教育，包括创新创业教育，都在政府政策下取得巨大的成绩，必须客观地说，这种形式有其发展的优势。但是也必须认识到，强势的主导即意味着自主性的减弱，这是政府办大学思维的体现，而且我们必须清楚，政府的作用不是能包办一切的。另外，政府出台政策对于大学生创业提供了支持的同时，客观上给学生也提供了过多的保护和保障，在这种情况下，大学生创业的公司承受市场考验的能力就有待观察。事实上，我国大学生创业项目的科技含量大多不高，涉及软件编程、网络设计等高技术含量项目的只占小部分，快餐、产品推广、网店等创业项目是常态，这种项目在市场中的竞争力不言而喻，走出了校园的特殊环境，其是否具备生存能力是存疑的。

3.3.2 创新创业教育课程问题

课程体系作为学校教育理念和教学成果的核心，在创新创业教育的发展中起着十分关键的作用。2011 年一项调查显示，学生中非常认可"高校开设了创新创业教育专业课程并学到了创业相关知识"的仅为 36.27%，非常认可"高校在一般专业课程中能够渗透创业知识"的仅为 37.25%。经过多年的理论研究和实践探索，各高校开发的创新创业教育课程，其在数量和质量上都在提升，逐渐形成课程体系。这是一个研究领域提升必然要经历的探索和积累的过程，但是创新创业教育课程当前仍然存在一些问题。

3.3.2.1 课程定位和教材问题

创新创业教育目前尚属于一个研究领域，还未形成一级学科，有个别高校是在管理学学科下自主设置创业学二级学科。由于学科定位模糊，很多高校尚未把创新创业能力培养作为高等教育人才培养体系的一部分。在这种学科认识定位不清的情况下，由于缺乏科学、系统的指导思想，高校无法投入大量精力开发创新创业教育课程、创新创业教育教材；同时，由于没有清晰的指导思想，在课程设置、教学内容编排、教材的开发和使用等方面可能会出现随意和混乱，缺乏严格的科学论证，从而难以保证课程实施的效果。整体上，目前高校创新创业教育的课程和教材的质量参差不齐，针对不同类型高校的统一教材体系尚未成型。

3.3.2.2 课程体系不健全

教育部于2012年出台《普通本科学校创业教育教学基本要求（试行）及"创业基础"教学大纲（试行）》文件，要求高校要开设创业类课程，并将其纳入学分管理，将"创业基础"课程列为通识必修课。

各高校基本上都能按照文件要求完成创业基础课程的开设，相对创业基础课来说，选修课数量有限。一般的做法是将选修课依托于经济类、管理类等已有的课程，冠以"创业课程"的名称。在专业类课程下能开设"**专业创业课程"专业多为计算机软件、IT类等，其数量很少，文科类专业则更少。创业实践环节重在实践，但受到师资、教学资源等多方面的限制，学生能实际参与类似创客活动、项目策划等模拟活动的机会有限，学生以听教师介绍和观看为主，理论与实践严重脱节。

3.3.2.3 课程运行机制不完善

课程运行机制不完善涉及课程体系建设、师资队伍建设和课程评价三方面。高校创新创业教育课程体系的建设需要高校、企业、政府等社会主体的共同参与。

首先，目前高校创新创业教育课程大多依托原有的专业课程，因此实施方式与专业课程基本相同。

其次，缺乏合格的创新创业教育教师，即师资问题是制约创新创业教育课程实施效果的关键因素。有调查显示，学生对创新创业教育教师的满意度仅为55.2%。当前高校承担创新创业教育课程的教师来源主要包括负责就业工作的行政人员（也有其他行政人员）、管理类或经济类专业教师，还有一个重要的来源是辅导员。从组成上看，高校承担创新创业教育课程的教师大都属于"学院派"。"学院派"的优势在于其知识和理论储备，其短板在于创业实践环节。不论是行政岗教师还是专业课教师，其工作岗位性质限制了其作为创新创业教育教师的专业成长。有调查显示，创新创业教育教师群体中仅有12.1%有过较多的创业经历，66.7%只有较少的创业经历，21.2%根本没有创业经历。很多高校会聘请校外企业家进校承担授课任务，但由于体制上的限制以及外聘教师教学经验缺乏，这种做法的效果还需提升。

最后，创新创业教育课程评价机制欠缺。整体上，高校一般采用的是结果性评价，比如重视项目产出数量，而轻视创新创业教育的过程。评价主体和评价方式单一，评价内容缺乏对创业意识及创业能力等心理因素的评价。

3.3.2.4 创新创业教育课程与思政课程结合不紧密

相对发达国家，我国高校创新创业教育起步较晚，至今虽已经过了20多年的快速发展，但目前还未形成专业的理论体系和相对完善的教育模式。

高校创新创业教育开展早期，它的理论和教材借鉴于思想政治教育学科。这里隐含的逻辑是，大学生创新创业教育和思想政治教育的结合将有助于更好地分析创新创业教育的现状，转变大学生创新创业教育理念。在一项调查中，针对"您所在学校开展的创新创业教育中是否涉及思想政治教育相关内容"的问题时选择"很多"的占比15.7%，选择"一般"占比53.2%，选择"较多"占比20.1%，选择"没有"占比11%。可见，高校与创新创业教育密切的思想政治教育开展还不理想。针对"您认为创业教育中应渗透哪些思想政治教育内容？"的问题，选择"理想信念教育"占比36%，选择"创新精神教育"占比28.1%，选择"民族精神教育"占比19%，选择"爱国主义教育"占比16.9%。

其中理想信念教育是思想政治教育的重要内容，创新精神教育是创业的动力之源，这些内容是创新创业教育课程中学生最希望开展的。

思想政治教育关乎学生精神塑造、道德心理等诸多方面的发展。思想政治教育与创新创业教育相结合对于学生创业精神、创业能力以及心理品格等方面产生重要影响。从上文的调查结果中可以看出，当前高校创新创业教育与思想政治教育结合的效果不理想，不能起到激励学生创业的作用。因此，高校应在此方面加强二者的紧密结合，以发挥思想政治教育的育人功能。

3.3.3 创新创业教育教学问题

当前，我国高校创新创业教育课程仍遵循学科型课程的传统，在课程实施上仍以课堂教学为主体。学科型课程的优点在于完整的理论知识体系，而缺点在于其理论与现实脱节的问题。对于创新创业教育而言，实践问题是关键，即知道怎样做，遵循的逻辑应该是在实际操作中学习，而不是反过来。当然，这只是作者个人的思考，是在理论学习后进行实操，还是在实操中学习，这是两种思路，各有逻辑支撑，还有待于研究。以课堂教学为主体的教学模式带来的问题，一是教学形式的单一化会影响创新创业教育实施的效果。根据王东明的调查结果，当前我国高校创新创业教育实施的主要方式仍是课堂教学。王东明2020年对高校创业教育问题的调查结果显示，针对"您在学校期间以哪种方式接受过创业教育？"选择"课程讲授"的占比32.1%，选择"网络媒体宣传"的占比21.2%，选择"社会实践"的占比14.3%，选择"同学"的占比16.6%，选择"课外科技活动"的占比7.6%，选择"家庭教育"的占比8.2%。当代的大学生有鲜明的个性特征，因此，高校在实施创新创业教育时应该重视教学方式的多样化，推行易操作和易于被大学生接受的教学方式，比如当前的自媒体形式等，来保证创新创业教育的实施效果。针对"您最倾向于什么样的途经获得创业相关知识、提升创业能力？"选择"创业比赛"的占比最高，达到了37.5%；其次是"创业培训"占比24.8%，选择"学校教育"的占比16.3%，选择"创业社团"的占比12%，选择"自主学习"的占比9.4%。学生对参加创业比赛的兴趣最高，创业培训选择的比例也很高，而选择学校教育的比例明显低于前者，说明学生对实际操作的需求远高于理论学习，主要是课堂学习。主要原因可能在于创业比赛能够让学生亲身参与并能够获得针对性的创业指导，这种形式对于提高学生参与创新创业教育的积极性一定高于课堂学习。

3.3.4 创新创业教育师资问题

一门课程或一种类型的教育，其展开的必要前提是与之匹配的师资队伍。创新创业教育在我国虽然已经经历了 20 多年的发展，但是师资匮乏的问题一直存在。创新创业教育在我国是新兴领域，对创新创业教育的认识和展开是同步进行的，也就是说在我国没有"创业学"专业，因此就没有受过专门训练的人才来进行创新创业教育的理论研究和教学。

高校开展创新创业教育的大体情况是，大学的创新创业教育一般置于经济或管理专业院系内，由经济或管理类专业的老师开设创新创业教育的课程或讲座。创新创业教育实践活动，大多依托学生处、团委组织、辅导员具体实施，比如在很多高校，"挑战杯"创业计划竞赛等创业类活动都是由学生处来组织，一般由经管类专业的老师担任指导老师。在这类活动中，经济类、管理类或财经类的老师往往以专业老师的身份出现。少数高校开始引进校外资源，邀请企业家为学生演讲，评价学生的创意等。

上述几类人员几乎构成了当前高校创新创业教育师资队伍的主体。客观地说，这样的师资不够专业，期望这样的师资能产出高质量的创新创业教育效果，这是很难达成的目标。师资的问题早已引发关注，比如北京航空航天大学创业管理培训学院开办的短期创业教育师资培训班，其目的就是尝试解决高校创新创业教育的师资问题。但在整体上，这样的力量过于微小，不足以解决这一难题。

3.3.5 创业环境问题

创业所处的社会条件是其能否成功的关键因素，包括社会对创新创业教育认可程度，如社会对高校创新创业教育模式和制度、对于大学生创业的社会容忍度等，此外还包括政府针对性的政策。高校创新创业教育的实施必须考虑上述问题，高校创新创业教育所处的社会环境对创新创业教育体系的构建起到基础性的作用。近年来，高校创新创业教育的快速发展，各级政府出台各种支持政策，各类创新创业教育项目的设立与实施，以及各种创新创业教育活动的组织与开展使我国创新创业教育整体环境大为改观。但我国的创新创业教育仍处于快速发展的阶段，还存在很多问题。

3.3.5.1 社会环境问题

根据王章豹 2018 年对高校创业教育环境生态的调查结果显示，对于"你认为制约大学生创新创业的环境因素主要有哪些"的问题，选择"全社会尚未形成崇尚、激励和支持大学生创新创业的良好社会文化"的学生占 57.5%，选择"社会舆论和家长不理解、不宽容大学生创新活动和创业实践"的学生占 52.4%。数据上可以看出当前大学生创业在实施过程中面临很多观念上的障碍。首先，中国社会传统的"中庸""安稳""学而优则仕"等仍然是很多家长坚守的观念，这种观念趋于保守而抑制创新；其次，当前社会还未能形成一个鼓励、支持和包容失败的良好的创新创业教育社会舆论环境；最后，高校对于创新创业教育文化建设的关注度不高，整体上，高校创新创业教育文化环境薄弱。

3.3.5.2 功利性的创业价值观

我们可以看到近年来越来越多的高校在推动创新创业教育，但我国的创新创业教育即使在高校内部，对于创新创业教育的重要性也未形成理性共识。高校举办各类创新创业教育活动的动机与目的，可能有两方面：一是顺应政策要求；二是高校对功利目的的追求。目前有一种对创新创业教育工具化理解的观点，即认为创新创业教育是以解决就业问题为导向，目标是让学生掌握创业技能，使创新创业教育成为解决学生就业问题的一种途径。李俐对湖南省高校教师和教学管理者创业教育目标的调查结果显示，19.1% 的学生将"培养创新创业精神"放在第一位，15.5% 的学生将"提升学生综合素质"放在第一位，而有 54.5% 的学生将"完成学校就业目标"放在第一位。同时，在对学生的调查结果显示，有 52.4% 的学生认为"创业教育的第一目标是拓宽自身就业渠道"。由此可见，在高校内部，对创业教育的认识，就业是其主要功能。

另外，功利主义的价值观导向功利主义的教育目标，将创新创业教育目标等同于"教育创业""就业培训"等，将创新创业教育看作是一种获取特殊技能、解决就业问题的一种途径。功利主义创新创业教育目标还体现在对结果的看重，现实表现为高校注重创新创业教育成果的展示，比如学生创业项目数、参与学生数、孵化项目数、学生获得专利数等，而创新创业教育作为一种教育过程，注重的是学生内在创业意识、创业精神的养成，这些隐性的和终极的目标被忽视。功利主义的创新创业教育虽然在短期内可以让学生获得一定的物质财富，但忽视创新精神和意识养成的创业者是没有发展后劲的。

3.3.5.3 创业资源使用问题

一个完整的创业过程，包括几个基本要素：一是制订创业计划；二是获得创业资金；三是创业场地。前文中提到，清华大学将写字楼半价出租给学生作为创业场地，其他高校也有类似的形式，比如建设创业实践基地，以很低的价格或免费让学生入驻进行创业活动。但是，在整体上在高校校内直接提供创业场所的比例很小。由当地政府所建设的工业园区和创业园区，对于学生创业项目来讲，入场要求过高。

3.3.6 创新创业教育评价问题

目前我国高校创新创业教育尚未形成成型的创新创业教育评价体系，也没有针对某一类型高校创新创业教育的评价体系，主要原因在于高校创新创业教育课程没有形成体系，各高校根据自身的资源状况、生源特点、地域特点等开展创新创业教育，开发相应的课程和教材。因此，课程设置的数量、课程内容、学时的安排等不尽相同，从而导致各高校创新创业教育评价缺乏统一的标准。当前，我国高校创新创业教育评价存在的问题主要表现在评价指标、评价主体和评价方法等几个方面。

3.3.6.1 创新创业教育评价指标

在上文功利的创业价值观小节中提到，高校对于创新创业教育的评价是"唯结果论"的。评判一门创新创业教育课程或一堂创新创业教育课，是以掌握的知识量、产出的创业计划量来衡量的。这样的结论虽然不无偏颇，但反映的是当前高校创新创业教育评价受"物化"评价影响的现状，比如说一些高校将创业项目的数量、孵化项目的数量、项目成功率、获奖数量、获得的专利数量等作为创新创业教育评价的"硬指标"，对于隐性的、难以操作的，但对于创业至关重要的学生的创业精神、创业意识等"软指标"则被忽视。这种"唯结果论"的评价方式简洁、高效，能够为管理者提供直接的判断，但作者在这里还是要再次强调，作为教育者，我们必须时刻牢记，创新创业教育首先是教育，教育的对象是人，育人才是创新创业教育的逻辑起点和最终目的，而非其他。

3.3.6.2 创新创业教育评价主体

高校创新创业教育评价的主体一般是创新创业教育教师群体。上文提到，主体由相关专业的教师、行政管理人员以及辅导员组成。涉及有校外企业人员参与的课程项目，一般也是以教师主导的评价形式为主。创新创业教育实施主体之一的学生也应是创新创业教育评价的主体之一，但总体上，学生对创新创业教育评价的参与度很低。此外，创新创业教育效果的滞后性特点使得对它的评价十分困难，这也是创新创业教育课程的评价与其他课程评价不同的地方。

3.3.6.3 创新创业教育评价方式

第一，高校创新创业教育采用的评价方式是按照学校统一的课程或学习评价标准，而不是专门制订针对创新创业教育课程的评价标准。

第二，指标量化的方式是大部分高校采用的方式，即对创新创业教育课堂学习和创业实践学习的结果进行量化评价，其优点是简洁、标准清晰，但由于创新创业教育的效果有滞后性的特点，"唯结果论"的评价方式就不能客观反映创新创业教育的结果，因此就需要过程性的评价，但问题还是在创新创业教育效果的滞后性问题，如果项目完成的周期超过1个学年，会带来管理上的问题，如果将项目的完成周期限定在1个学期或1个学年，教育结果是否能达成可能是个问题。

第三，即使是同一类型的创业项目，对于不同高校来讲，其评价的指标和方式也可能不同，这与高校对于创新创业教育的认识、项目实施的方式等有关。

3.4 当前中国创新创业教育发展问题的原因分析

3.4.1 创业政策的落实问题

在我国创新创业教育发展的 20 多年里，政府陆续出台了各类相关政策，鼓励和支持大学生创业。但是，政策在宣传和落实过程中还存在一定的问题，影响创新创业教育的效果。首先，政策宣传渠道不畅通。很多学生对国家创业政策的了解十分有限，他们或许知道国家在创新创业教育方面出台了政策，但是是什么政策、什么内容基本上不了解。一方面学生的主动性不足，另一方面反映出政府或高校在政策宣传方面存在问题。政府的政策发布的途径一般仅限于官方网站、报纸、公众号等，高校对于政策宣传的途径与政府基本一致，能覆盖的学生群体一般仅限于有创业意愿的学生。高校开设的创业类课程对政策的宣传能起到一定的作用，但是可以预见，宣传的效果仍只会限于小部分人（有创业意愿的学生）。学生在创业过程中会遇到各种问题，比如资金问题、经验问题、社会网络资源问题等，都需要外部的支撑条件及时进行指导、激励和保障。如果在创业过程中，学生遇到上述各种问题，政策的宣传又不到位，那么可能的结果是学生在遇到各种困难后创业信心和积极性受到影响，创业项目夭折，这就起不到出台的政策的作用，这样的结果会影响到创新创业教育的实效。

政策的执行主体职责交叉，协调不足，影响创新创业教育的效果。一个创业政策的出台，经常涉及多个政府部门，多部门联合发文形式上让人感觉到足够的重视程度，但是经常出现的问题是，部门间权责交叉、协调不足，影响政策的贯彻落实。比如某地方政府多部门联合出台了一项创业政策，横向上是联合发文的各个职能部门，纵向上设置了多级审核的程序，在政策实际贯彻落实过程中，出现了部门间推诿、解释不一致的现象。学生创业补贴该如何申请，咨询哪个部门，这些应该在政策中明确的问题在不断消耗学生的时间和创业热情，也削弱了政府政策落实效果。另外，有一些具体政策执行单位会在国家政策的基础上增加附加条件，比如地方政府会在国家政策基础上出台各自的政策，一些地方政府会增设条件，比如限制创业者的户籍、企业规模等；一些银行对于创业贷款增设抵押和担保等条件等。这里的问题就在于一项政策的出台可能涉及多方的利益，这些问题一定要在设计时就应全局考虑，一旦政策发布，当政策执行不畅，甚至无法执行时，受损的不仅是学生的创业热情，对国家政策的公信力也是有损害的。

3.4.2 社会环境支持不足

在前面的章节中，作者提到创新创业教育所处社会环境的重要性，良好的社会创业环境能够为学生创业提供氛围支持，它既包含了政府的政策、高校的推进行为，还包括社会对创新创业教育的认可等。在世界范围内，社会环境都是创新创业教育开展要考虑的重要问题。

经济发展水平影响创新创业教育的效果。经济发展水平对创新创业教育观念的传播有重要的影响，经济发展水平高的地区，整体社会氛围相对经济落后地区要开放，对于创新创业教育观念的接受程度要高，对创业失败的容忍度要高。因此，可以说，创新创业教育是社会经济发展到一定阶段的产物，经济发展水平决定社会整体的创业水平。不同经济发展水平的地区，其创新创业教育发展的水平也不一样。总体上看，东部经济发达省份的创新创业教育的发展明显好于经济相对落后地区。比如，东部广东、浙江等经济发达省份，整个社会的创业行为参与度较高，而在经济发展相对缓慢的内蒙、青海等内陆省份，社会创业行为偏少。身处不同地域的大学生自然会受到当地社会经济发展的影响，他们在创业观念和创业选择上或多或少受到所处社会环境的影响。

此外，由于地方经济社会发展水平不同，在推进创新创业教育过程中出台的政策就会存在差别。除了国家政策外，地方政策也是推进创新创业教育的重要条件。不同地区由于政策的差别可能形成不同的创业（教育）氛围或环境。从整体上看，我国社会还未形成鼓励创业的浓厚氛围，因此创业者在创业过程中会遇到各种问题，比如观念上的差异，这样的创业环境可能会给创业者不合适创业的心理暗示，导致的结果可能是创业激情和信心受到打击，创业行为终止。而一个创业环境友好的社会，能够鼓励和支持创业者行动，并能包容创业者的失败。

总体来说，当前我国创新创业教育的整体氛围还有很大的建设空间，一个良好的社会创业氛围能直接影响到大学生的创业意识的形成和价值观的养成，从而影响创新创业教育的实效。

3.4.3 创新创业教育理念问题

高校是创新创业教育的主战场，高校对于创新创业教育的认识程度决定了创新创业教育能够达成的高度。前述中提到，高校内部对创新创业教育尚未形成理性的共识，将其理解成解决就业问题的一种手段，这种观念上的错误认识直接影响到创新创业教育实施的效果。此外高校还在创新创业教育目标、实施以及师资等多方面存在问题。创新创业教育理念滞后是影响我国创新创业教育发展的一个重要因素。

"立德树人"是教育的根本任务，创新创业教育的目的是培养德才兼备的创业型人才。创新创业教育理念要与时代呼应，要适应经济社会发展的要求。当前国内创新创业教育的理念是滞后的。上文提到，创新创业教育的学科定位不清，很多高校还未将其纳入人才培养体系中，课程设计、实施的方式等脱离社会和学生的实际，创业课程的设置依托于专业类课程，教学方式以课堂讲授、以知识学习为主，这与创新创业教育的特征不符，也与当代社会环境和学生的特征不符，即使在选修课上对创新创业教育的学习内容进行补充，丰富了教育的形式，其结果仍是"换汤不换药"。在教育评价上，高校组织学生参加各类创业比赛（活动），过分关注活动的结果，忽视创新创业教育的根本任务——"育人"。

因此，作者认为，当前高校创新创业教育理念滞后的问题是阻碍高校创新创业教育实施的重要因素，它在一定程度上会迟滞我国创新创业教育的发展，也可能会使我国的创新创业教育偏离正常的发展方向。

3.4.4 家庭环境对学生创业的影响

第一，家庭环境影响学生的性格，性格很大程度上决定了一个人的处事风格。这里的家庭环境主要包括两个方面：一是指家庭的经济情况；二是指家长对于创新创业教育的态度。首先，家庭经济条件和背景是影响大学生创新创业的主要因素，经济状况和背景不同的家庭对大学生创业的影响存在明显差异。比如，家长经商，学生从小耳濡目染积累起的创业自信心是很强的，这里有两方面，一是家长经商带来的较好的家庭经济条件；二是成功的经商经验。这两方面能够为这样的孩子提供一个良好的创业环境和创业条件；相反，缺少这两方面的支持，一个人面对不可预知的前景，面对资金和经验的匮乏，产生畏惧心理是很自然的结果。第二，家庭经济条件是学生在做创业选择时需要考虑的重要因素。家庭经济条件好的学生对于风险和失败的敏感度远低于经济条件差的学生，这样的学生即使创业失败，仍有家庭兜底，而经济困难家庭的学生很难面对这样的风险。这两类学生对金钱的认知是不同的，家庭经济困难的学生对金钱的关注度远超富裕的学生，他们对于创业的理解带有更多的功利化色彩，这样既不利于创业价值观教育的开展，也会减弱他们参与创业的动力。因此，面对这种情况，我们需要外部的力量介入，比如更好地发挥创业基金的作用等。

3.4.5 学生创业认知水平问题

上面讲到的社会环境、家庭条件等是影响学生创业的外部因素，而学生的心理素质和认知水平是影响他们创业动机、实施创业行为的内部影响因素。当学生实施一个创业项目时，他／她要有一定的沟通表达能力，要具备一定的执行能力，要具备一定的抗挫折能力等，总之创业活动整合了一个人多方面的心理素质和能力。现在的大学生在家里受到家庭的呵护，很少经历挫折，这样的学生在生活中一般是属于承压能力弱、相对以自我为中心的一类。他／她们在顺境中成长，独立解决问题的能力很弱，这些特点决定了在这类学生中很难出现具有强烈创业动机和良好行动力的学生创业者。能够突破上述限制的学生，他们决定创业了，也往往会在对前景的过度想象和难以应对的挫折中结束。这是个普遍的问题，高校应该加以认识和应对，但是学生的这种心理状态的养成是一个长时间和多因素作用的结果，不是高校在创新创业教育中做一下研究，进行心理疏导教育就可以解决的，这是一个涉及社会环境、家庭教育、学校教育和学生参与的系统工程。

第 4 章

高职院校创新创业教育与思想政治教育融合

4.1 创新创业教育与思想政治教育的关系现状

近年来，关于创新创业教育与思想政治教育互相联系、互相融通的研究越来越丰富，主要集中在以下几个方面：

4.1.1 把创新创业教育纳入思想政治教育课教学内容

高职院校的创新创业教育与思想政治教育，都重点强调对高职学生创新思维、创业意识、实践能力，以及人的全面发展的培养，这在人才培养目标的本质上是一致的。高职院校的思想政治教育要符合新时代的发展新要求，把最新的创新创业教育内容融入到思想政治课的教学活动之中，以提升当代高职院校思想政治教学的针对性、实效性，打造"全员育人，全程育人，全方位育人"的思想政治教育新生态。

现有研究中，有学者提出需适应当今"大众创业，万众创新"的时代发展风潮，积极提高高职院校大学生的创新创业综合素养，并把高职院校的创新创业教育与思想政治教育有机融合到一起，使创新创业教育成为高职院校思想政治教育的重要部分。学者认为，加强高职学生创新创业素质培养，是对传统思想政治教育内容的有效补充，是加强和改进当代大学生思想政治教育时效性的必然选择。还有研究人员将创新创业教育的重点定位在大学生的基本素质教育领域，并提出高职院校的思想政治教育应当主动将创新创业教育纳入其中，将对大学生职业生涯发展和追求人生幸福的关怀作为思想政治教育的目标和定位，注重强化培养学生的创新思维、创业意识，优化创业人格。

4.1.2 将创新创业教育视作提升思想政治教育的有力措施

创新创业教育的内涵和外延、内容与表现形式都十分丰富，与学生个人成长成才和社会经济发展密切相连。有研究认为创新教育是培养大学生创新思维、创新意识的有效途径，而创业教育则可以培养他们的团体协作精神和艰苦奋斗精神，创新创业教育是增强高职院校大学生思想政治教育针对性、实效性的重要途径。要以创新创业教育为突破口，在内涵、途径、形式、方法上积极促使高职院校思想政治教育进行创新改革。

也有研究指出，随着国内外形势的变化和计算机技术的飞速发展，当代高职院校大学生的思想政治教育也涌现了许多新问题、新情况。而创新创业教育有着显著的创新性和实践性，与大学生自身发展和就业密切相关，因此拓展了高职院校思想政治教育的内涵和外延，进一步充实和创新了高职院校的思想政治教育方式，从而有助于实现高职院校大学生思想政治教育与其他课程的协调创新发展。以上研究，将创新创业教育视作提高高职院校思想政治教育有效性和时效性的有力措施，但目前来看，相关研究主要集中在宏观层面阐述二者结合的重要性与必要性，研究的深度和广度还有待提升。

4.1.3 创新创业教育应汲取思想政治教育的内容和方法

创新创业教育中涉及思想政治教育的有关内容，主要包括有理想、价值观念、道德和心理等几个方面。当前高职院校大学生在创新创业实践过程中存在两种极端误区，一种是急功近利；一种是故步自封。这两种思想都需要运用思想政治教育方法进行正确的引导和教育。公民基本道德素质是高职院校大学生应该具备的基本素质，对于即将创新创业的大学生而言，决定着以后他们的创业道路能走多远的问题，如诚实守信、契约精神、合作精神、抗压能力等，都是大学生创业能否成功的关键。

有研究认为，高职院校思想政治教育要努力培养大学生的艰苦创业精神和面对逆境不屈不挠的奋斗精神，这些精神同时也是一个创业成功者本身所必须具备的素质。高职院校的创新创业教育与思想政治教育都强调理论联系实际，都是理论与实践相结合的教育，在教育内容和方式方法上有一定的共性。高职院校思想政治教育经过长期积淀，有比较成熟的教学内容和方法体系，创新创业教育既要继承汲取思想政治教育传统方法，又要不断创新内容和形式，形成适合自身学科教育特点和规律的学科体系。

4.1.4 探索创新创业教育与思想政治教育有机结合

有学者认为，高职院校的思想政治教育与创新创业教育在内在联系、研究对象、研究目标、研究重点与方式等方面存在着诸多一致性，二者结合具有重要的现实意义。随着社会主义市场经济的蓬勃发展和社会对多元化人才培养的需求，高职院校思想政治教育中融入创新创业教育，是对思想政治教育内涵与载体的有益补充与创新性探索，进一步丰富和发展了高职院校思想政治教育学科体系。

还有学者认为，思想政治教育与创新创业教育都是高职院校"五育并举""三全育人"工作的主要构成部分，有着天然的契合度和融合性。因此，二者有机融合，有助于完善高职院校人才培养方式，有助于贯彻落实立德树人根本任务。有学者从协同育人的角度出发，研究二者实行协同育人的理论依据与现实意义，提出实现协同育人的多种方法。

4.2 创新创业教育与思想政治教育研究存在的问题

4.2.1 单项维度研究较多，互融双维度研究较少

现有研究中，对创新创业教育和思想政治教育分别单维度研究的成果较多，而以两者互融双维度的研究却不多见，缺少共建双向的理论基础和实践案

例的研究可资参考。高职院校的创新创业教育是一个庞大的系统工程，在其开展过程中不可避免会面临诸多困境。比如：一方面，创新创业师资队伍良莠不齐，院校的人力资源整合能力不足，未能形成合力；另一方面，各高职院校的创新创业教育课程设置各自为政，并没有达成一个业界统一的规范，理论教学停留在肤浅层面，实践教学也不够深入，对于教学质量的考核评价缺乏全面科学的评价指标体系，教学效果不尽如人意。

同样在高职院校的思想政治教育过程当中，也面临着一些现实问题。比如：思想政治教育主要还是通过课堂教学传授，因为师资力量不足，大班上课现象比较常见。思想政治教育教学方法仍停留在传统状态，理论研究为多，实践研究为少。在现实中，理论研究者将更多的精力专注于基础理论研究，而缺少了理论联系实际的广泛运用；而实践研究者却又很少有意识地把实证研究的方法与结论提高到理论层面进行凝练，这就使得二者的隔阂日益增加，因此对创新创业教育与思想政治教育如何加深互通互融方面的问题需要尽快破解。

4.2.2 两者互融互促协同发展方面仍需深化

关于高职院校创新创业教育与思想政治教育之间关系的研究，还缺乏清晰定位和界定，目前来看，研究成果还只停留在单纯的联系和区别阶段。需要在双向发展的前提下，逐步做到二者的互融互促协调发展。当前，高职院校的创新创业教育在发展过程中还存在着科际融合混乱、领域界限不清的现象，一定程度上存在"理论依附"以及学科的定位和具体研究方法不是特别明确的情况。当前多个研究学科领域虽然直接或间接包含创新创业教育的研究内容，但各学科都从各自的领域和观点入手，尚未建立科际融合的规范研究范式。

在研究领域中，出现最多的专业是高等教育研究，其次是科技哲学、技术经济与管理。高职院校的创新创业教育多以公共基础课或者必修课的形式存在，并没有形成自己的独立的专业领域和学科体系，多样化的学科属性，导致创新创业教育很难构建自己的概念、原理、内容和研究框架。在如此情况之下，有必要深入研究，理顺创新创业教育与思想政治教育两者之间的联系，促进高职院校人才培养高质量发展。

4.2.3 两者如何发挥各自优势，促进人才培养质量提高仍需深入

关于高职院校创新创业教育与思想政治教育如何发挥各自优势，进一步推动高职院校创新创业教育改革，如何加强思想政治教育针对性、实效性，如何实现创新创业教育与思想政治教育双向发展，还有待进一步深入研究。

近年来，高职院校创新创业教育发展势头迅猛，国家有关支持优惠政策相继颁布实施，创新创业教育工作取得了一定的成果，但在理论研究层面仍有拓展空间，创新创业教育完整的学科体系尚未形成。如何理顺创新创业教育与思想政治教育的关系？高职院校创新创业教育的顶层设计究竟是什么？怎样掌握正确的政策导向？怎样理顺院校、政府部门与企业之间的关系？如何构建和改革创新创业教育的新模式？怎样建设一支业务素质精良的创新创业教育师资队伍？这都是摆在创新创业理论研究者面前的一系列问题。

目前，从高职院校创新创业教育与思想政治教育发展的各自阶段和过程来看，两者都面临着各自发展的系列困难和急需突破的困境难题。任何一方独自发展，都面临无法跨越的"壕沟"。所以，探索平衡双方发展关系，在双向建构框架内，推动两者的融合成长，符合两者现实状况和发展规律，有助于提高高职院校人才培养质量。

4.3 创新创业教育与思想政治教育的融合路径

4.3.1 科学谋划做好高职院校创新创业教育建设规划

高职院校创新创业教育与思想政治教育的有机融合，需要各高职院校根据各自学校实际情况，全方位通盘谋划考虑，协同发展。

首先，要基于系统思维做好顶层设计，进而协调调动和统筹规划管理全校各项资源。各高职院校要发挥学校党委的核心领导作用，加强各职能部门和二级学院、系部之间的互相配合，强化职能部门的服务意识。

其次，在组织保障上，主要依靠马克思主义学院、教务处、各二级学院、创新创业学院、教师发展中心、人事处等部门，聘任思想政治教育、创新创业

教育、管理学、教育学等领域的权威专家,成立"课程思政研究中心",在该中心的统一指导下开展课程思政与创新创业有机融合的改革工作。

最后,在制度保障上,要科学制定创新创业教育与思想政治教育结合的相关规章制度。制度建设要包括它们的教学规范、管理制度、工作指引等方面,要从教学管理与实践操作、机制保障、激励与评价等角度加以明确。加大思想宣传力度,提升全体教师的创新创业意识和干劲,使每一位教师都肩负起思政育人和创新创业的责任。扩大资金投入力度,鼓励广大教师积极参加创新创业教育与思想政治教育的各类培训和实践。改革科研奖励和职称评定机制,加大对创新科研与实践成果的奖励力度,在职称评定方面向作出创新创业与思政教育突出贡献的教师倾斜。将创新创业教育与思想政治教育有机融合理念,嵌入渗透到创新创业和思想政治教育的日常教学当中。

4.3.2 以社会主义核心价值观引领创新创业教育

"大众创业,万众创新"的时代潮流以及国家各项支持政策的出台,为高职院校学生创新创业提供了良好的社会环境和宏观背景,但现实中,我国高职院校大学生创业人数和创业比例仍然不高,且创业成功率远低于欧美发达国家大学生。大学生创新创业的关键动力应该来源于国家和经济社会发展需要、个人渴望成功的价值追求、职业长远发展规划等,因此,大学生的创新创业教育应加强正确的思想政治引领。要从思想政治教育理论的研究角度出发,以马克思主义基本原理为引领,把社会主义核心价值观嵌入创新创业教育与职业生涯规划教育,推动思想政治教育工作主体与教学内容的一体化、社会化,从而提高思想政治教育的有效性,提升教育教学质量,培养具有创新创业精神的复合型技术技能人才。

高职院校大学生思维活跃,易于接受新鲜事物,受教育程度相对较高,富有朝气活力,不因循守旧,是最有可能成为创新创业实践者的群体。将思想政治教育融入高职院校创新创业教育,要用社会主义核心价值观来引导大学生坚定马克思主义政治方向,关心国家政治和社会发展,将自己的爱国热情转化为创新创业实践行动,将自己个人价值的实现同国家前途命运联系到一起,"敢创新，勇创业"，在实现中国梦的过程中实现自己的人生奋斗目标。要以社会主义核心价值观为指导，贯穿创新创业教育的全过程，将社会主义核心价值观渗透到高职院校创新创业教育内容当中，以社会主义核心价值观培育高职学生的创新思维、创业意识、创业能力。

社会主义核心价值观中包含有爱岗敬业、诚实守信、忠于职守、友善待人等道德规范，是人们从事职业生活的保障，能保障和促进国家社会持续、健康、有序发展。实践中，要将职业道德教育融入到创新创业教育中，引导高职院校大学生以职业道德模范人物为榜样，树立正确的职业道德精神，培养敢打敢拼积极进取的创新创业品质，勇于接受创新创业过程中可能遇到的挑战和失败，克服艰难险阻，永不言弃。要将职业道德规范"内化于心"，养成诚实守信、忠于职守的行为习惯，并通过创新创业实践行动"外化于行"。

法治建设也是社会主义核心价值观的重要内容之一。以思想政治教育和社会主义核心价值观对高职院校大学生进行正确引导，可以帮助他们树立正确的法治观念，做到"知法、懂法、守法"。在具体从事创新创业实践活动中，要求他们认真学习了解《公司法》《劳动法》《反不正当竞争法》等与创新创业息息相关的法律知识，在商业行为当中减少不必要的法律纠纷，维护自身合法权益，确保创新创业活动顺利实施。

4.3.3 大力推进课程思政与创新创业课程深度融合

习近平总书记指出，要用好课堂教学主渠道，积极推动各类课程和思想政治理论课同向同行，形成协同效应。所以，大力推动课程思政与创新创业教育的深度融合，是高职院校创新创业教育积极回应课程思政建设发展需求的重要体现，也是授课教师贯彻习总书记指示，守好一段渠、种好责任田的必然要求。

在高职院校人才培养方案中，要贯彻落实立德树人根本任务，要将思想政治教育纳入高职院校教育教学各个环节，努力实现"课程思政"目标。高职院校应重新审视创新创业教育在人才培养中的使命、任务和地位，建立富有高职特色、符合高职学生学情特征的创新创业教育模式，建立创新创业教育系列课程的课程标准,做好每堂课的教学任务目标设计,努力达成创新创业教育人才培养目标定位。

在高职院校创新创业教育目标设计方面,首先,要突出"课程思政"理念价值引领,明确课程体系是要推进"全员育人,全程育人,全方位育人",实现创新创业教育全面覆盖与重点扶持相结合,培养高职学生的创新思维,启迪创业灵感,提升创业能力,进一步提高他们的就业创业质量和成功率。

其次,在创新创业教育过程中突出思政元素,强化理想信念、职业道德、法律基本知识教育。在创新创业教育的一系列课程建设过程中,针对每门课的特点,加入符合课堂教学特色的思政元素,达到潜移默化、润物无声的效果。比如:在"创新创业基础"课程的不同阶段相应加入的思政元素是,模拟创业团队的创业各个环节,凭借各个阶段模块化的练习,培育他们的创新观念和创业能力,提升他们的团队合作能力。通过股权分配和股东加入、退出机制训练,提高微小企业防御风险、抵御风险的意识和能力。在"职业形象塑造与职业生涯规划"课程中加入的思政元素是,引导学生重新认识自己,正确认识自己未来将从事的工作,培育他们善于思索、勇于探究的创新精神,从而提升他们的就业能力与创新创业能力。引导高职学生了解本专业的就业前景,培养他们善于沟通、学会感恩、诚实守信的职业道德素质,培养他们良好的就业与择业心理,熟练掌握将来的求职面试本领,实现高质量体面就业。在"创业成功和失败案例"课程中加入的思政元素是,通过对各个成功或失败的创业项目、案例的分析研讨,引导学生正确认识创业失败,形成正确的创业成败观,敢于承受创业失败,勇于挑战自己,从而培养学生集体荣誉感和通过创业实践回馈社会的使命感,从而真正提高他们的创新创业实践本领。

最后,详细制定每一堂课的教学目标、内容、任务,重点凸显思想政治教育的核心作用地位,在教育教学全过程中全面渗透、融入思政元素。

第 5 章

高职院校创新创业教育与专业教育融合

创新创业教育与专业教育有效融合,是职业院校教育改革的具体表现和实施途径之一,这种改革将引领高职院校专业教育的新发展。高等职业院校要在原来制订的专业人才培养方案基础上嵌入创新创业教育,使高职学生成为具有创新创业精神、创业意识、创新创业基本技能的开拓型复合应用人才。创新创业教育与专业教育的深度融合,可以促进大学生在各自专业领域内的创新和创业,同时也是职业院校大学生实现"有尊严、更体面、高质量"就业的有效途径之一。

"创新创业+专业"复合人才培养模式,既是专业教育的改革发展趋势,也是创新创业教育的未来发展方向。把创新创业教育有机嵌入专业教育,使专业教育既不同于传统的"学科本位"教育模式,也不同于激进的"岗位本位"教育模式,而是回归到"育人本位",体现素质教育真谛,从而真正实现职业院校的人才培养质量要求。

5.1 创新创业教育与专业教育融合的价值意义

5.1.1 创新创业教育与专业教育融合,为建设创新型国家提供人才支持

创新是推动一个国家发展和社会进步的动力,是国家综合实力的重要体

现。建设创新型国家的一个首要问题是，如何培养和造就大批高素质的创新型人才，在全社会培育创新精神。因此，通过在高职院校大力推进创新创业教育和专业教育的互融互嵌，大力培养造就一批具有创新精神与创业技能、具有社会责任感、善于将本专业创新成果转化为生产力的高素质人才，可为建设创新型国家提供有力的人才支持。

5.1.2 创新创业教育与专业教育融合是高职教学改革的必然选择

我国高等职业院校教育教学改革的最终目的是提高人才培养质量，培养适应社会经济发展的高素质技术技能型人才。创新创业教育是以重点培养培训高职大学生的创新思维和创业技能为目的，而专业教育则可以通过创新创业教育的成果转化，实现其创新性和前瞻性。因此，将创新创业教育与专业教育有效融合，既可培养具有扎实学识的专业人才，又可培养具有创新思维和创业能力的创新型人才，符合高等职业院校教育教学改革与发展的需求。

5.1.3 创新创业教育与专业教育融合可满足学生个性化学习需求

高职院校大学生除去第 3 年的顶岗实习外，剩下 2 年在校学习时间十分有限，因此各高职院校开设的创新创业必修课课时不会太多，一般为一个学期 32 个学时。一个学期的课程教学结束以后，学生在校期间再没有专门的创新创业课程学习任务。而且，一个学期的创新创业课，对于不同专业和学科背景的学生，课程教学内容基本相似，没有深入挖掘区分不同专业学生的学科差异特点。虽然有部分高职院校在实际教学当中，将学生按文科和理科进行了两个大类的区分，但也无法做到按每个专业特点再进行进一步的细分教学。比如：广州番禺职业技术学院按照文理分科，安排智能制造专业、信息工程专业、建筑工程专业的学生上面向理工科的创新创业课程《创新小白实操》；而安排管理专业、财经专业、旅游商务专业、艺术设计专业、珠宝制造专业的学生上面向文科的《创业小白实操》创新创业课程。

在创新创业课程课堂教学一个学期的教学任务结束后，则将创新创业教育有机融入专业课程教育之中，并且结合专业基础课、专业理论课、专业实践课、理实一体课等，伴随高职大学生在校期间的剩余时间，做到与专业的无缝对接，提高学生专业认同感，差异化满足不同专业行业学科对创新创业的不同个性化需求。除此之外，创新创业教育与专业教育互相融合、互相渗透，能更加有效促进不同学科之间的交叉和联系，有利于不同学科的共同进步和开拓发展。将创新创业教育融入专业教育，不仅能减轻学生课程学习压力，还能促进学生灵活运用本学科本专业知识进行创新思维和创新应用，引导学生结合本专业进行高质量高层次的创业。

5.2 创新创业教育与专业教育融合的现实困境

5.2.1 专创融合理念滞后

从思想认识方面而言，更新创新创业教育教师的教学教育理念是进行专创融合课程教学改革的重要抓手之一。当前，高等职业院校具体在一线进行创新创业教育的师资力量严重不足，很多院校由辅导员、行政教辅等人员担任兼职授课教师，很大程度上存在专业教师与创新创业教育师资队伍的割裂与分离，这就造成创新创业教育授课教师知识面不广、教学理念不能与时俱进、教学方法和考核方式单一，以及因为行政事务缠身精力投入不足等问题，因此也就导致专创融合理念和课程体系建设的滞后。

随着科学技术的不断进步，以及信息化智能化时代的到来，正在促使传统教育教学理念发生着翻天覆地的变革。这就要求创新创业教育教师要立足科学技术最新前沿，在教育理念和实践教学模式上紧跟时代潮流做出变革创新。因此，新形势下，首先必须要加强创新创业教育教师自身的创新创业思维、态度和能力的培养。只有先培养一批知识面广、理论素质高、实践动手能力强的创新创业教育师资队伍，才有可能更新教师的教育教学理念，才有可能将专业教育与创新创业教育进行深度有效融合。

5.2.2 课程体系建设有待加强

从课程体系建设方面而言，具体教学活动中教学方法和考核方式的改革，是实现专创融合课程教学的根本途径。但现在高职院校创新创业课堂教学中，还一定程度上存在传统的"满堂灌"和"填鸭式"现象，重理论讲授轻实践操作；考核方式单一，存在考核重结果轻过程的情况；存在课堂改革动力不足，教学改革方式方法有限等问题。随着信息技术的日新月异，以及"00后"新生代大学生个性化需求的不断变化，创新创业课堂教学只有紧跟时代步伐，不断更新教育教学观念和方法，运用大数据技术了解不同学生群体学习需求规律，为学生自主学习提供丰富多样的在线教育资源，改革课堂教学模式，才能培养学生的批判性和创新性思维，激发他们的创新创业灵感，促进职业院校学生高质量就业创业。

5.3 创新创业教育与专业教育融合的基本原则

5.3.1 充当社会—学校、专业—市场之间的立交桥

创新创业教育要紧跟社会和经济发展趋势，要坚持面向专业发展特点。创新创业教育不能脱离专业而自成一派，必须要适应专业的未来发展方向。对每个专业要进行深入细致的调研取证，坚持以市场为导向，对社会、行业、企业需要学生具备什么样的知识、能力、综合素养等进行全方位解构，进而设置适应不同专业的创新创业教学目标，从而有效搭建起社会与学校之间的桥梁、专业发展与市场经济之间的桥梁。创新创业教育就可以起到社会—学校、专业—市场之间的立交桥作用。美国的高校创业教育研究报告中曾指出，高校要向学生介绍最前沿的专业领域研究成果，使他们掌握最先进的解决问题方法，鼓励学生在学科领域结合专业基础进行创新创业，只有紧密结合了专业的创新创业产品和项目才可能走得更远，得到更多的项目融资。斯坦福大学曾经推出过一个"生物医药产品设计"创新创业计划项目，该项目立足生物医药专业，同时联合商学院、工学院和医学院，将专业知识创新与市场需求紧密结合，获得了

较大的成功。

5.3.2 坚持技术创新和思维创新双线并进

创新创业教育与专业教育的融合，其最终目标是引导学生利用所学专业技术知识创造社会价值，将知识转化为社会生产力。在具体实施过程中，有一个很重要的环节，就是创新创业教育既要强调技术创新，同时也要强调思维创新，要坚持技术创新和思维创新双线并进。因为技术创新在很大程度上受社会经济、政治环境等因素的影响，技术创新是技术技能、管理知识、创新能力和市场需求相结合的产物。但技术创新的根本还是归结于人的创新思维和能力。因此，要在培养学生掌握最新技术技能的基础上，更加重视对学生思维创新方面的培养，除了"第一课堂"显性知识教育以外，对于创新创业教育而言，要更加注重"第二课堂"隐性知识的掌握。只有通过显性课堂和隐性课堂的双重培养，使学生具备较强的开创思维和敏锐的市场洞察力，才能较好地运用专业知识，用新技术新方法新工艺去解决实际中面对的新问题。

5.3.3 逐步形成以培养岗位创业者为主的新局面

高职院校传统的创业教育重视自主创业，而忽视岗位创业，难以形成联动规模局面。当前高职院校的创新创业教育因迫于巨大的就业压力，普遍过分强调要培养中小型新企业的创办者、开创者，即自主创业者。但从职业教育人才的特点和长远发展规划来看，职业院校大学生不可能毕业后人人创业，个个开公司，而是有相当大比例的学生毕业后进入各种中小型公司。所以，针对此现象，高职院校的创新创业教育不能仅仅停留在解决学生就业层面上，而是要跟专业教育紧密相结合，进行岗位创业教育。加强岗位创业教育，首要任务是要将创新创业教育与不同专业及人才培养目标进行融合，在专业平台上有机融入对应的岗位创业意识、岗位创业知识和岗位创业能力。通过加强对岗位创业者的培养，与专业教育形成有效合力，将创业教育由点成线，由线成面，形成适应大多数学生专业发展和就业需求的局面，为高职院校的创新创业教育提供新思路。

5.4 创新创业教育与专业教育融合的运行模式

5.4.1 专业渗透模式

针对高职院校学生特点,在专业教学体系内根据各专业不同特点渗透性增加创新创业相关教学内容。在这种渗透模式下,创新创业教育和专业教育结合程度非常紧密,互相融合性很强。具体形式主要包括三类。

第一类,课程嵌入。专业课教师在讲授专业课程的同时,将创新创业类知识内容有机嵌入到课程体系中去。比如管理类或经济类课程可以将研究政府政策、市场环境对创业的影响作为教学内容,也可分析影响成功创业的要素或进行创业绩效评估等;文学或历史类课程可以将创业成功案例或历史上创业传奇人物作为学习内容;信息技术类和艺术设计类课程可以启发学生如何利用所学技术技能来解决日常生活中的各类痛点问题等。

第二类,单独开课。在职业院校各个专业人才培养计划中,加入创新创业基础必修课。创新创业基础必修课可以聘请本专业教师、管理学院教师或企业兼职导师联合授课。在课程内容设置上,要根据各个专业特点进行个性化设置开发。比如,面对旅游商务大类学生,可以在创新创业的授课过程中,引导他们如何在景区服务、旅游线路设计、旅游接待等方面开拓创新思维、提高创新能力,更好地为游客提供个性化的服务。

第三类,进阶提升。在学习了创新创业必修课的基础上,选拔部分学有所长、学有所需的学生,向他们提供进阶版的创新创业选修课,引导这部分志趣相投的学生基于专业基础,进行进一步深入学习与实践。这部分学生,可以基于相同的专业方向,形成一个个创新团队,请具有行业企业实际经验背景的专业老师担任指导老师,为他们基于专业发展而进行的创新创业项目提供专业化指导,帮助他们的项目有效落地孵化。

5.4.2 跨界联合模式

跨界联合模式,是指突破专业边界,联合不同学科、不同院系、不同学校，针对高职院校创新创业教育所涵盖的专业技能、管理知识、创业素质和市场分析认知、师资队伍培养等领域，开展横向联合合作。该模式倡导多方联动，在教学资源配置、场地设施设备共用、师资队伍共享、信息互通等方面独具优势，同时可以促进不同学科、不同院系、不同学校和专业之间的良性互动，促进师生交流，促成跨边界项目合作。相对而言，跨学科、跨院系操作性较强，在实践过程中比较容易实现，而跨学校联合进行创新创业教育存在一定的难度。

为了突破跨学校合作、跨区域合作的藩篱，进一步加强校际间合作，中山职业技术学院、顺德职业技术学院、广州番禺职业技术学院三所职业院校于2015年成立了"三校协同发展联盟"。这三所学校位于广东省经济较发达的珠三角地区，分别位于广州市、佛山市、中山市，三校地理位置相邻，地缘优势突出，办学特色鲜明，综合实力雄厚。三校基于共同的目标愿景，在区域内进行深度合作，实现优质教学、科研、社会服务资源的互通共享。本着"互惠互利，优势互补，资源共享，协同发展"的宗旨，三校在办学理念交流、教育教学经验分享、精品资源课共享、师资队伍互派互训、招生就业、校园文化建设、优势资源共享等方面扩大交流，丰富合作。至今已开展多期创新创业联合师资培养培训、互派老师担任其他学校的创新创业比赛评委、互派老师担任其他学校的创新创业项目导师、三校学生互相到三所高职院校的创新创业校内孵化基地进行实习实训等，一定程度上促进了三所高职院校创新创业教育事业的共同发展进步。

5.4.3 校企政合作模式

校企政合作模式，是指高职院校联合企业、政府部门等社会机构进行创新创业教育实践活动。该模式是面向真实的市场环境，以项目为驱动，要求学生运用课堂所学创新创业知识，去解决生产一线中面对的各种错综复杂的难题。该模式是对创新创业课程和创新创业实践活动的进一步升级，是创新创业教育与专业教育互相融合的最高层级。

在该模式中，企业是其中一个关键主体，它以多种方式和途径参与职业院校创新创业教育过程中的人才培养，包括提供校外实习实训基地，共同建设校内专业实验室，选派企业一线专业人员参与创新创业课堂教学、创业课程开发、创业教材编写，为课堂教学提供生产一线实际案例，实现学校内部创新创业课程教学内容更新速度与企业技术进步同频共振。同时，企业也可为高职院校学生的创新创业项目提供一站式咨询服务，帮助他们从创业项目的最初策划阶段开始，就紧贴市场需要。

在该模式中，政府要做好顶层设计，政府部门和教育管理部门要积极为高职院校与行业企业搭建桥梁和合作平台，政府要遵循"大众创业，万众创新"的战略高度，结合地方经济社会长远发展和产业结构转型调整升级需求，加大对职业教育的资金投入力度，大力培养本土紧缺急需的创新创业高技术技能型人才。

校企政合作模式，是一种"政府推动，学校主导，企业参与"的合作模式，是高职院校创新创业教育改革发展到一定程度的高级产物。近年来，高职院校创新创业教育与专业教育融合改革，诸多院校都进行着理论和实践探索，其中校企政合作模式取得了显著成效，进一步加强校企政合作是当前职业院校创新创业教育改革与实践的一个主要方向。

5.5 创新创业教育与旅游管理专业融合的案例分析

旅游管理是一门实用性很强的专业，在人才培养过程中应注重专业知识、技能和创新创业意识的重点培养，在传授专业理论知识的同时，更应注重对创新创业思维、创新创业意识、创新能力以及实践能力的培养。近年来我国旅游业迅速发展，在国民经济中的地位越来越重要，这就急需一批高素质的旅游专业人才来适应旅游业的快速发展，而"创新创业"型旅游人才的培养正好符合我国旅游业发展步伐。因此，对于高职旅游管理专业而言，将创新创业教育融入旅游管理专业教学中，将是提高旅游管理专业学生综合实力的新指向。

5.5.1 高职旅游管理专业教育与创新创业教育融合的必要性

（1）宏观背景

近年来，关于大学生创新创业的文件层出不穷。2010年，教育部《关于大力推进高等学校创新创业教育和大学生自主创业工作的意见》提出，在高等学校积极开展创新创业教育，鼓励广大高校学生进行自主创业，是教育系统服务于创新型国家建设的重大战略举措；是深化高等教育教学改革，培养学生创新精神和实践能力的重要途径；是落实以创业带动就业，促进高校毕业生充分就业的重要措施。2015年5月，国务院办公厅印发的《关于深化高等学校创新创业教育改革的实施意见》指出，深化高等学校创新创业教育改革，是国家实施创新驱动发展战略、促进经济提质增效升级的迫切需要，是推进高等教育综合改革、促进高校毕业生更高质量创业就业的重要举措。2019年教育部印发的《国家级大学生创新创业训练计划管理办法》提出，各高校应秉承"兴趣驱动，自主实践，重在过程"的原则，深化高校创新创业教育教学改革，加强大学生创新创业能力培养，全面提高人才培养质量。这些文件精神都体现出国家对高校创新创业教育的高度重视。如何把专业与创新创业教育融合在一起已成为当前高等教育的重中之重。

（2）现实需求

国家之间的竞争归根到底是人才的竞争。中国经济正处于转型升级的关键时期，旅游业作为国民经济的重要组成部分，转型升级迫切需要更多的"双创"型旅游管理专业人才，也需要应用最新科技开发新产品，提升服务质量。同时，我国正全力推进全域旅游、"旅游+"等形式发展，这些都离不开创新创业人才。事实证明，拥有创新创业精神的旅游管理专业毕业生更能获得就业市场的青睐。高职院校通过"双创"教育，不仅把学生培养成综合素质强的专业人才，更是培养为工作岗位的创造者。具有"双创"能力的学生毕业后不但能解决自身就业问题，还能为市场创造更多的就业机会。

另外，在百万扩招背景下，目前高职院校的学生数量与日俱增，这无疑加剧了大学生的就业压力。据相关调查，大学应届毕业生只有一部分能直接就业,还有很大一部分学生处于暂缓就业或待业状态,高职旅游管理专业毕业生也同样面临此类问题。这就要求高职院校必须深化教学改革,对学生加强创新创业教育,促使旅游管理专业毕业生适应旅游行业市场供求,进而实现通过创新创业教育来促进就业的目的。因此,进一步提高和改进创新创业教育是缓解旅游管理专业毕业生就业压力的重要解决措施。

5.5.2 创新创业背景下旅游管理专业教学改革存在的问题

(1) 缺乏对创新创业政策的深入了解

近年来,国务院、教育部和地方政府颁布的有关创新创业的文件层出不穷,对于许多高职院校而言,这些多半是自上而下的号召,缺少对创新创业的政策深入分析,因而较少利用相关政策把握创新创业机会,也很难提高学生创新创业的能力。对于旅游管理专业的大学生而言,很多也只是停留在课堂上,学习有限的创新创业知识,而结合专业实际情况对创新创业政策的有效渗透非常缺乏,使得有创新创业想法的同学由于缺乏对政策的了解而处于迷茫状态,甚至对创新创业内容根本不感兴趣。

(2) 创新创业教育与专业教育吻合度不高

我国创新创业教育尚处于发展阶段,创新创业的教育理念没有完全被认可和接受,包括旅游管理专业在内的很多专业人才培养方案也尚未与创新创业教育相融合。有些高校虽将创新创业教育纳入到课程教学中,但与专业教育结合不紧密,仅作为一门必修课程体现,未能真正有机融入学校与旅游管理专业的整体人才培养设计体系中,造成旅游管理专业教育和创新创业教育"两张皮"的现象较为普遍。同时,旅游管理专业教师在教学实施过程中,仅传授旅游管理专业相关知识与技能,而忽略了对学生创新创业能力的培养。

(3) 创新创业教育师资力量不足

目前高职院校的专任教师大部分都是一毕业就上岗,完全没有进入企业实践锻炼的经验,虽然具备了丰富的专业理论知识,但创新创业的专业知识和创业意识却极度缺乏。以广州番禺职业技术学院为例,"创新创业基础"是我校所有学生必修的基础课,任课教师主要来自创新创业学院、各个二级学院和行政教辅部门，教师们专业背景不同，接受的创新创业师资培训主要是创业创新学院组织的培训，理论和实操都非常有限，而且一经培训后即刻上岗。因为平时授课任务繁重，旅游管理专业的专任教师接受创新创业教育和培训机会较少，造成对创新创业理论知识和实操环节知识缺乏，创新创业型旅游管理专业师资队伍严重不足，与目前的师资需求形成强烈反差，这是当前急需解决的问题。

（4）学生缺少创新创业实践

要让学生认识创新创业，就必须让学生亲自到实践一线积极参与创新创业项目实践，积极引导学生寻找市场痛点，促使他们善于寻找创业机会，乐于寻找创业资源，易于识别创业风险。旅游管理专业的实践教学主要包括以下几类：毕业顶岗实习、专业实训课和理实一体化课程。所有的实践环节课程总量大约能达到总学时的 50%，但学生在实习期间和实践教学中往往只能从事简单的服务工作，很难培养学生的实践能力，创新能力提升更无从谈起。

5.5.3 旅游管理专业和创新创业教育融合的实施路径

（1）深入剖析了解创新创业相关政策

要想实现创新创业教育目标，旅游管理专业领导和教师应该认真了解和深入剖析有关创新创业政策，只有专业教师领悟到位了，才能通过专业课的课堂教学和实践活动等方式传授给学生，才能使旅游管理专业学生深入了解创新创业的有关政策，使有创新创业意愿和能力的同学把握好机会，在相关政策指导下进行创新创业活动和实践。

（2）加强第一课堂和第二课堂创新创业教育推进力度

广州番禺职业技术学院旅游管理专业的人才培养方案明确指出，培养有较强工匠精神和创新创业意识与能力，主动适应产业转型升级和企业技术创新需要的高素质劳动者和技术技能人才。但在课程设置上仅开设了一门"创新创业基础"课程，这离普遍提高学生的创新思维和创业能力还有一定差距。旅游管理专业应该在传授专业知识、培养专业技能、提升专业素质的同时融入创新创业教育，这样培养出来的学生不仅具有专业知识和能力，还具有岗位创新能力。

如广州番禺职业技术学院旅游管理专业的"景区服务与管理"专业核心课，共52个学时。课程内容中有"景区研学旅游产品设计"项目，要求学生以小组为单位，选择某一景区，将景区活动与研学体验相融合，设计一个研学活动项目，在设计的产品中既体现景区特色，又达到研学教育的目的。通过融入创新创业教育元素后，最终学生的项目设计让人耳目一新，提供给企业参考，企业认可度较高，觉得很有创新，可以服务于企业，拿来实战。通过此类项目，把专业和创新完美结合，既提高了学生的专业能力，又提升了创新能力，学生收获很大。同时广州番禺职业技术学院旅游商务学院的学生社团作为学生的第二课堂，在实际活动策划和组织过程中，也增加各种各样的创新创业元素，比如举办旅游规划创新设计大赛、旅游达人创业大赛等活动，寓教于乐，通过第二课堂的潜移默化影响提高高职大学生的创新思维和创业能力。

（3）双主体推进创新创业能力培养

"职教二十条"明确指出职业院校要深入推进校企融合，高职院校要加强与企业深入合作。创新创业背景下，高职旅游管理专业在制订人才培养方案时，应采取校企双方共同制订创新创业型人才培养方案、共同构建创新创业教育教学体系、共同开发创新创业课程和特色教材、派企业教师参与兼职教学等途径，在专业建设、课程教学、教师培养、实训基地培育和教学研究等方面深入合作，建立双主体培育机制。同时应加强培养专业教师的创新意识，接受创业教育和培训，鼓励旅游管理专业教师下企业锻炼，支持专业教师打造学生创业团队，积累创业经验。另外，在创新创业实践教学方面，可结合校内外实践基地，积极开展实践教学。应积极参加旅游管理专业的导游技能大赛，"以赛促教，以赛促学，以赛促改，以赛促建"，进一步提升旅游管理专业大学生的创新创业兴趣和热情。

（4）创新课程教学方法

创新创业型人才培养要突出以学生为主体、以教师为主导的教学理念，不断探索启发式、讨论式、参与式等教学方式。如旅游管理专业课程应精简授课学时，让学生有更多的自主学习时间，以及实现师生教学互动方式的改革。同时，任课教师要根据不同的课程及教学内容，创新教学方法，将项目教学法、情景模拟教学法、案例分析法、讨论法、翻转课堂等方法运用到课程教学之中。如"导游才艺"课程教学中，任课老师在课程考核时，要求同学们以小组为单位，组织一台晚会，每组至少有4种以上不同的表演形式，如语言类、音乐类、舞蹈类、小品类节目，并配有节目主持人，组织开场、串词和结束语。这种教学方式以学生为主导，对同学们要求较高，既要展示同学们的专业知识又要展示特长，同时还要体现合作能力，更需体现同学们的创新思维能力。

（5）积极开展创新创业实践，建立竞赛与学分转化制度

近年来各职业院校都有各级大学生创新创业训练计划实践项目，我们应从旅游管理专业学生中，选择一批有较强创新意识和潜质的学生，把他们组织成一个创业团队，加以培训，一方面可为旅游企业开发、设计旅游产品，同时也可组织参加比赛。对于参赛，应建立创新创业竞赛与学分转化制度，充分鼓励学生参加各类创新创业活动，根据级别不同、成绩不同，可转化为不同的学分，计入学生的毕业总成绩，免除学生因准备比赛而耽误学业的后顾之忧。同时在"大众创业，万众创新"的背景下，高职院校应多为大学生提供免费的创业场地和孵化基地，并给予一定的制度扶持和资金支持，培养大学生创新创业意识，帮助创业项目的落地孵化实施。这些制度既能充分调动学生的积极性，同时也可以对创新创业项目成果实施孵化，促进创业科技成果转化。

总之，创新创业教育作为一种理念，不是一蹴而就的短期教育行为，而是一个持久的教育过程，贯穿整个大学教育的始终。创新创业背景下高职旅游管理专业教学改革任重而道远，需要与企业、社会共同努力，共同培养学生的创新精神、创新意识和创新能力。同时，各高职院校也应出台相关政策支持和激励大学生积极参加各级各类创新创业活动，并且制定适应各高职院校人才培养标准的创新创业教育教学大纲、教学标准和授课计划，建立科学合理的实践考核评价体系，确保创新创业教育顺利开展。

第 6 章

高职院校创新创业教育教学模式改革

近年来,我国高职院校招生规模在不断扩大,特别是从 2019 年开始的连续 3 年高职百万扩招以来,高职学生越来越多,毕业生数量也相应大幅度增加,随之而来的创业和就业问题也变得更加突出。伴随科学技术的进步和教育观念的更新,以及诸多国家政策的制定颁布,进行创新创业教育的教学模式变革,造就具备创新思维、创业能力的高素质复合型技术技能人才,促进高等职业教育的均衡可持续发展已日渐成为大部分高等职业院校的共同认识。然而,进行全方位梳理高等职业院校的创新创业教育教学模式现状后,发现依旧存在诸多问题与弊端,阻碍制约了高等职业院校进一步提高人才培养质量。

6.1 高职院校创新创业教育教学模式面临的现实困境

目前,部分高等职业院校的创新创业教育教学模式还比较落后,存在一系列的现实问题,需要与时俱进,采用科学高效的教育教学方法,来提高和改进创业创新教育教学模式,培养创新创业复合型人才。

6.1.1 创新创业教育课程设置不合理

和以往的传统教育模式进行比较,高等职业院校的创新创业教育缺乏已有的模式可参考模仿,当前的创新创业教育应加倍侧重对学生理论联系实际、实践操作能力的培训和培养。所以，如果要全方位迅速丰富高职学生的创新创业知识和提高其创业能力水平，就应当使他们接受一定程度和时长的实践课程学习。然而，目前现实状况是，部分高等职业院校的创新创业课程设置脱离具体实际，课程设置中理论课程、讲授性课程占主体地位，而实践性、操作性课程相对较少，高职院校大学生通过创新创业教育课程培养、提高他们动手能力的作用不明显，无益于培养他们的创新思维和创业意识。

6.1.2 创新创业教育课堂教学存在弊端

当前，部分高职院校的课堂教学不能较好地适应最新的创新创业教育课堂改革。尽管许多高等职业院校也一直在大力推行创新创业教育教学改革，但仍有部分老师习惯于用传统模式、惯性思维来授课，常常照本宣科，缺乏与时俱进的教学创意，仍在践行"以教师为中心"的授课方式，习惯于灌输式教育，很难培养高职大学生的创新精神和想象力，学生普遍缺乏独立思考能力，创新思维和创业能力较弱。

6.1.3 创新创业教育与现代信息技术融合不够

当前高职院校创新创业教育方式和手段，存在一定程度的落后和单一现象，未能及时融入现代信息技术。随着科学技术的进步和发展，高职院校的创新创业教育无疑也需要与时俱进，需要依托最新的现代信息技术和网络平台，利用校园网页、BBS、微信公众号、微博等载体，解读宣传大学生创新创业最新政策，弘扬大学生典型创新创业故事，同时需积极运用信息技术进行创新创业课堂教学改革。

6.1.4 创新创业实验教学平台不能适应"双创"教育标准

当前，各高职院校的实习实训、实操实践等教学安排，大多还是进行低技术含量的重复劳动，而对大学生的创新思维、创业意识、想象力、独立思考能力的培养较少。这种实验教学、实习实训、社会实践，以提交实验、实训、实践报告的方式来检验效果，缺少学生独立思考、独立想象、独立判断、独立创造的训练环节，不能真正对接创新创业教育要求。因此，我们应该在实验教学、实习实训、社会实践中给予学生更多的自由发挥空间，允许他们"异想天开"，培养他们的创新思维，提高其创新创业能力。

6.2 高职院校创新创业教育教学模式改革路径

6.2.1 构建立体化创新创业教育课程体系

坚持"普惠+定制"的原则，建立多类别、多层次的高职院校创新创业教育课程体系。作为高职院校创新创业教育的主要承载和着力点，课程体系构建要结合各高职院校的具体实际，设身处地尽可能照顾到来自不同生源群体的多样化需求，同时综合考虑各类专业的最新发展趋势，构建多类别、多层次、多途径的立体化创新创业教育课程框架。

一是，各个高等职业院校需要根据产业、行业与本校各个专业未来发展趋势，设置与各个专业课程相适应的一系列创新创业课程。开设创新创业课程并不仅仅只是为了提高高职学生的创业就业成功率，更多的是为了培养他们的创新思维、创新意识、创业能力与综合技能。所以，创新创业教育的课程设置，要紧紧围绕各个专业与地方产业发展趋势方可发扬最大效用。在创新创业课程设计过程中，各高职院校需首先鉴于本校所在区域的产业行业结构和经济需求，对各个课程实施动态化管理，充分保证创新创业的课程设置可以适应当前和未来的市场需求，提升创新创业教育的前瞻性、时效性。

二是，整合利用行业、企业各种资源，提升创新创业教育课程的实操性。创新创业教育是一个复杂的系统工程，从寻找市场痛点，到设计项目创意，到最终创业项目顺利孵化，牵扯到各方各面的关系处理，同时也要整合各种社会力量和资源。因此，高职院校要利用自身人才优势，尽量整合行业、企业的市场资源，使生产实际的真实工作场景与学生的顶岗实习、社会实践等有机结合，使理论课程和实践课程互相嵌入，使高职学生在基层企业一线中得到积极锻炼，使他们学有所思，学有所悟，学有所得，主动锻炼自己的创新精神、创业技能,从而促进自身各项素质技能全面加强。

6.2.2 大力加强创新创业教育课堂教学改革

大力推进高职院校创新创业教育,要把创新创业教育工作与深化课堂教学改革、提高学生独立思考能力相结合,与全面提升学校的教育教学质量和人才培养水平相结合。通过创新创业课堂教学改革,不断深化加强对高职学生创新创业知识的传授和技术技能的培养,系统提升他们的独立思考能力和创新创业能力、团队协作精神和社会责任感。

狠抓课堂教学改革。要真正推进创新创业教育改革,培养真正具有国际竞争力的创新创业人才。要弥补应试教育的不足,要大力提升大学生的独立思考能力和批判精神。关键要从45分钟的课堂教学抓起,要向课堂教学要成绩、要效果。比如,可实施"小班互动式"课堂教学改革,开展小班授课教学,真正使课堂教学变成启发式讲授、探究式讨论、互动式交流的模式,在课堂教学实践中促进教学相长、师生互动。

同时,创新创业课堂教学改革的重点,就是要建立科学的课堂教学评价体系。实施非标准答案考试,考核重点不是简单地考学生背了多少概念、记了多少知识,而是要考学生是否理解、掌握了创新创业知识,并会学以致用,去解决实际问题。只要学生有好的想法、好的创意,就要多鼓励、给高分,促使学生在课堂上真正动起来,达到学有所思、学有所获、学有所悟,使他们真学、真想、真领会。加强过程性考核,把学生每次课堂出勤、课堂发言、小组讨论、课后作业、随堂测验,都按照一定比例折算到总成绩中,全过程实施动态考核评价。这样就可以从制度顶层设计上大幅度消除学生逃课、不交作业、考试舞弊等现象发生。

转变教师观念。创新创业课堂教学改革的另外一个重要内容是转变教师观念。现有一些创新创业教师还不能完全胜任创新创业课堂教学任务。虽然从总体上讲,目前高职院校的教师学历高、学术水平高,但大部分教师都是"从学校到学校",从硕士或博士一毕业就进入高职院校任教,虽然理论知识丰富,但没有创新创业具体一线实践和创业实际经历,很难从一开始就百分之百适应创新创业导师的角色定位。所以，开展创新创业课堂教学改革，要先从改变授课教师的观念开始。通过对新入职教师开展职前培训，使他们尽快熟悉校情学情，尽快站位讲台；对入职1~3年的年轻教师，采取"师徒制"，由具有副高以上职称的老教师对他们进行传帮带，传授课堂教学经验；对已经站稳讲台的年轻教师，分批次安排他们下企业实践锻炼，了解最新产业行业一线需求，回校后"反哺"课堂教学。通过创新创业授课教师观念和思维的改变，推动创新创业课堂教学改革更接地气、更深入持久、更能解决真问题。使学生在课堂学习过程中不只获得创新创业知识，还能获得如何应用知识去解决实际问题的能力，进而提升他们的创新思维和创业能力。

6.2.3 充分运用现代信息技术手段提高创新创业教育质量

充分运用现代信息技术手段，灵活运用大数据和信息技术，大力发展"互联网+创新教育""人工智能+创业教育"，促进创新创业教育课堂教学模式改革，满足高职学生个性化、多样化的学习需求，推动深度融合信息技术和创新创业教育教学模式改革的课堂革命向纵深发展。充分利用"互联网+"浪潮，构建信息化创新创业教育课程体系。各高职院校可以充分借助各种网络资源和手段，通过网络在线课程、云平台、虚拟教研室、微课、翻转课堂等多种尝试，构建创业创新的新课程体系。通过创建各类网络在线学习资源平台，开展课程在线认证和学分互通认定，打破时空限制，适应当今大学生碎片化学习特点。

一方面，高职院校应加大技术改革设备的成本投入，将现代化信息产品投入到创新创业教育全过程，将新媒体信息技术与创新创业项目紧密结合，突破创新创业教育课堂教学的时空限制。充分利用VR虚拟场景，为学生模拟创新创业教育过程，使其有身临其境之感，提升创新创业技能。同时也可利用3D打印技术，制作学生创业项目的最简可行产品，帮助学生厘清创业方向和思路，少走弯路，避免盲目投资。

另一方面，要充分利用现代信息技术的便利，来提高创新创业课堂教学的互动性和吸引力。随着现代信息技术的迅猛发展，高职院校创新创业教师可借助多媒体设备的丰富性、多样性、即时性，提高创新创业教育课堂教学的吸引力，提高学生的课堂注意力。比如，现在比较流行的"线上线下"教学模式、"翻转课堂"教学模式、"对分课堂"教学模式等。

6.2.4 构建完善的创新创业教育教学实践平台

实践是整个创新创业教育过程中的关键环节。高职院校在创新创业教育过程中，可以发挥自身智力优势与社会其他多方资源互通互享。一方面，高职院校应该和当地政府部门、地方企业实行强强合作，创建电子商务创业园区、大学生创业孵化园、产业创业学院、乡村振兴学院等，为高等职业院校大学生的创新创业项目提供"从0到1"的全链条360度立体式服务，构建汇集"科研＋项目＋服务＋孵化"于一身的众创型生态空间实操中心，为创业教学、创业活动、团队拓展、项目实践、创业比赛、项目孵化、整合社会各项资源提供理想平台。

另一方面，还需要进一步建立完善校内外创新创业实习实训基地。各高职院校可联合行业产业团体、企业联盟在学校建立"校中厂"，也可在企业建立"厂中校"，实施一种"校厂融合"的新型实习实训形式，使高职院校大学生在企业和工厂生产一线实践中锻炼培养创新精神，提高创新创业水平。

第 7 章

高职院校创新创业师资队伍构建

在创新创业的背景下,国家出台了一系列政策来加强创新创业师资队伍的培养力度。2015 年,国务院办公厅《关于深化高等学校创新创业教育改革的实施意见》提出要加强导师创新创业教育教学能力建设,形成全国万名优秀创新创业导师人才库。2018 年,中共中央、国务院《关于全面深化新时代导师队伍建设改革的意见》指出要全面提升高职院校导师质量,建设一支技艺精湛、专兼结合、富有创新能力的"双师型"导师队伍。创新创业教育经过近二十年的发展,打造双创理论知识扎实、教学科研能力优良、创业实践能力夯实,理实兼具、专创融合、校企融通的"双师型"创新创业师资队伍,是新时代高职院校创新创业教育改革和建设高素质导师队伍的必然要求。本章对高职院校师资队伍结构特点进行深入剖析,就如何建设专兼结合、专创融合、校企融通的创新创业师资队伍进行探讨,最后构建创新创业教师五维管理体系,打造教师教学、科研、社会服务、个人发展等内容全面提升的管理模式。

7.1 高职院校创新创业师资队伍结构及特点概要

7.1.1 创新创业师资队伍管理与培养现状

2012 年 8 月 1 日,教育部办公厅下发关于印发《普通本科学校创业教育教学基本要求(试行)》的通知,吹响了创业基础课纳入本科必修课的号角,从 0 到 1，从无到有，必然有越来越多的老师"半路出家"成为创新创业导师。与此同时，高职院校的专职导师的数量明显不足，兼职导师补充速度过快。基于以上原因，导致创新创业教师素养参差不齐、师资队伍结构不容乐观、创新创业教育与实践脱节等现象。在这种情况下，全国各高职院校纷纷开始关注创新创业师资队伍的管理，重视师资队伍的培养。

（1）创新创业师资队伍管理现状

创新创业作为一门新兴的专业必修课，各高职院校对其的重视程度有所不同。目前，各高职院校的创新创业导师队伍管理机构分为三种模式：第一种是校领导牵头，跨部门组建创新创业工作机构，多部门协调完成导师的招聘、管理、教学、培养、考核工作；第二种是学校设置了相对独立的管理机构，比如有些民办高职院校，体制比较灵活，他们与某些公司合作共同设立创新创业学院，直接由董事会管理，学院下设管理（含招聘）、教学、竞赛、培养和实践等多个部门对创业导师进行有效管理；第三种是学校的创新创业工作挂靠在职能部门，比如学生处、教务处、人事处、校团委、就业办中的一个或者两个联合主管，具体到实施上不同高职院校又有所不同，有些高职院校的主管部门负责招聘创新创业导师，招聘标准整齐划一，各教学单位负责导师的管理、考核工作。有些高职院校的主管单位把导师招聘的权限下放到了各教学单位，各教学单位根据自身专业要求负责招聘、管理、考核工作。

第一种模式有利于校内资源的整合，但是多个部门统筹协调难度较大；第二种模式拥有独立的创新创业机构主体，有利于提升创新创业教育工作的专业化水平，但是资源明显不足；第三种模式，没有独立的机构，而且存在多头管理的现象，不利于统筹管理，会造成人力资源浪费。总之，不论是哪种模式都有其弊端，统筹管理创新创业导师队伍明显存在不足。

（2）创新创业师资队伍培养现状

在创新创业导师培养目标上，各高职院校都是要培养一批高素质专兼结合的创新创业师资队伍，包括双师型专职导师、专业课导师、企业实践型导师以及辅导员（含行政教辅人员）、咨询型导师。

在创新创业导师培养形式上，高职院校大多采用校内培养与校外实践相结合：一是通过创新创业理论课程培训、授课讲座、专题沙龙等形式，提升导师队伍创新创业理论基础；二是通过开设创新创业课程，强化师资队伍的教学能力；三是通过改革教学模式，促进导师角色的转型；四是通过组织导师参加创业导师培训，提升导师创新创业理论修养；五是通过校外企业专家的创新创业讲座，提升导师的创业实践认知；六是通过到企业或实训基地挂职锻炼，加强导师的实践能力。

在创新创业导师培养内容上，主要是从思想、理论和技能方面对导师进行培训，培养导师将专业理论知识与创新创业课程相互融合，促进创新创新教学模式的改革，加强导师企业培训与实践，使导师更好地了解企业对创新创业人才的需求。

目前高职院校创新创业导师的培养机制在导师培训形式、培养内容两个方面还亟待完善。

一是培养方式较为传统，忽视实践和理论相结合。培养方式大多局限于培训、讲座、沙龙，企业和实训基地的挂职锻炼作为一个重要提升导师实践能力的形式，各高职院校也是浅尝辄止，并未深入。挂职锻炼的产出也只是分析市场需求，对导师的实践能力的提升还不明朗，不能真正体现高职院校导师培养特点。高职院校创新创业导师应注重创新创业理论与专业的融合，促进创新创业技术成果的转化，为地方经济服务。

二是培养内容设置不合理。培养过于注重创新创业理论、教学理论、教学模式等方面，培训内容与普通高等院校培养模式有些趋同。专业类别之间创业导师培训课程开设差距大，在创业导师课程上，有些学校已经开始实行创业学分制，开设了许多创业课程，但是通过搜集相关院校的创业课程发现，在这些技术本科院校当中有很多创业课程都偏向经管类，理工科类很少。

三是教学模式还处于探索阶段。教学模式沿袭了传统的授课模式，在教学方式转型这方面，部分高职院校创新创业导师习惯一言堂的课程教授方式；有些高职院校做了教学模式的探索，理论课程由校内的创新创业导师完成，实践指导由校外的兼职导师完成，教学效果大打折扣。

四是培训的频次和连续性有限，导致培训效果不佳。在培养效果上，高职院校导师基本满意学校培训形式，但是由于培训频次过少，加上培训的连续性不足，导致培训效果不佳。培养创新创业导师是一个长期的、系统性的工程，需要高职院校持续不断的培养、培训，方能见效。

7.1.2 重塑创新创业导师素质能力模型，全面提升人才素养

在创新创业师资结构不合理、师资管理尚显不足、师资培训有待提高的背景下，我们更要"返璞归真""不忘初心"，再次重塑创新创业导师的素质能力模型，只有明晰了创新创业导师的素质能力标准，才能在选拔创新创业人才队伍时有的放矢，才能组建素质优良、结构合理的双师多能型创新创新师资团队，夯实高职高质量培养人才的关键环节。作为高职院校的创新创业导师，除了具有创新创业导师的基本素质，还要具备高职院校导师特有的实践能力素养。

（1）职业道德素养

2014年9月9日习近平总书记在同北京师范大学师生代表座谈时就强调"合格的老师首先应该是道德上的合格者，好老师首先应该是以德施教、以德立身的楷模。师者为师亦为范，学高为师，德高为范"。导师职业道德贯穿我们从事导师工作始末，至关重要。导师职业道德素养主要包括导师职业理想、导师职业责任、导师职业态度、导师职业纪律、导师职业技能、导师职业良心、导师职业作风和导师职业荣誉八个因素。作者在这里就不展开描述和讲解了，这是导师入行的必修课，也是岗前培训的必选安排，有兴趣的老师可以阅读《高等学校导师职业道德修养》。

（2）知识素养

创新创业教育涉及的内容十分广泛，它是一门将教育学、社会学、信息学、心理学等科学的相关知识相结合的综合复杂的教育活动，所以要求创新创业导师知识面不仅要有广度，还要有宽度，更要有深度，他们不仅要有扎实的理论知识，还要有丰富的专业知识，更要有一般文化知识和社会知识，这样才能更接地气地指导学生服务社会。除此之外，教师还要具有丰富的实践知识。创新创业本身是一个实践过程，只有导师拥有丰富的实践知识，才能更好地指导学生实践。

（3）能力素养

第一，具有扎实的教学能力。对于老师来讲教学是最基本的能力，但是在创新创业的教学过程中，对导师的教学能力提出了更高的要求，导师在教学过程中不但要传授学生创业知识和理论，更要站在高起点启发学生、引导学生。

第二，具有较强的科研能力。科研同教学一样，都是导师的重要工作，只有在日常教学中多思多想多改进，才能提高科研能力；反过来，科研也会反哺教学，提高教学质量；同时，导师的创新创业能力有赖于较强的科研能力。

第三，具有较强的创新思维能力。创新创业导师应善于学习，善于接受新知识、新文化、新事物，善于用理性的思维分析问题，善于用创新的思维去解决问题。尤其在知识爆炸的年代，知识更替、迭代速度非常之快，多媒体技术、信息传输技术、数据库技术、虚拟现实技术等信息技术发展迅猛，整个社会向信息化、网络化、数字化趋势发展。创新创业导师只有接受这些新知识、新技术，把握时代发展趋势，才能在教育领域创新。另外，在教学方面，也应结合高等职业教育的规律和特点，创新教学理念、教学模式、教学方法，拓宽教育资源，并且真正落实到人才培养中去。

第四，具有突出的创业实践能力。高职创新创业教育的人才培养目标就是要培养生产一线具有动手能力和专业技能的实用综合性人才，那导师就应该不仅是教学科研的能手，更要是创业的实践者和实操者，对创业的模式、流程轻车熟路，才能更好地引领学生创业实践。此外，还要有较好的专创融合的能力、良好的沟通能力、较强的组织管理能力等。由此，得到创新创业导师的素质能力模型（表7-1）。

表7-1 创新创业导师的素质能力模型

一级指标	二级指标
职业道德素养	职业理想、导师职业责任、导师职业态度、导师职业纪律、导师职业技能、导师职业良心、导师职业作风和导师职业荣誉
知识素养	扎实的专业理论知识、良好的一般文化和社会文化知识
能力素养	扎实的教学能力；较强的科研能力；较强的创新思维能力；突出的创业实践能力；较好的专创融合的能力、良好的沟通能力、较强的组织管理能力等

由表 7-1，我们可以明晰高职院校创新创业导师职业素养要求，由此高职院校也可进一步完善创新创业导师的准入制度，确定创新创业导师的招聘条件。通过提高"外引"师资的要求，以期注入新鲜的高素质、高水平、高质量的血液，来弥补现阶段创新创业师资队伍结构性失衡的问题。通过"内培"师资短板，快速提高现有师资的素质能力，实现高质量人才梯队建设。

7.1.3 细化创新创业导师分类，合理优化师资结构

在明晰了高职院校创新创业导师职业素养要求之后，我们亟须了解目前高职院校的创新创业导师的师资结构情况，包括教师的来源、专业技术职务情况、工作内容、素质能力、师资管理对象等，并通过具体深入分析以上内容，呈现高职院校创新创业师资团队概貌，以期为进一步优化师资结构提供理论基础。

（1）根据创新创业教师来源来分类

创新创业导师主要由专职导师和兼职导师组成，专职导师主要负责课程的研发、培训、教学工作。兼职导师的来源比较广泛，分为校内兼职导师和校外兼职导师，校内兼职导师主要来自其他专业专任导师、辅导员群体和行政教辅类导师；而校外兼职导师主要来自优秀企业管理者、创业成功者、各领域的创业专家。校内兼职导师一般负责教学工作；校外兼职导师除了负责部分的教学工作之外，还承担创业实践培训的工作。一般专职导师都是"双师型"导师，具有扎实的创业创新的理论基础与教学能力，且具有创业的实践背景，比如企业实践经历等。兼职导师分为不同的类型，有教学类、企业实践类、创业实践类等，其中只有少部分导师具备"双师型"导师的素质。

（2）按照专业技术职务进行分类

高职院校专业技术职务可分为教授、副教授、讲师、助教。以上各类职称都需要以评审或认定的形式取得。自 2016 年《关于深化职称制度改革的意见》颁布以来，各高职院校都在紧锣密鼓推进"放管服"教师职称改革，不同的学校对各类专业技术职务有着不同的条件限定，但大多主要包括思想政治表现、工作表现、学历资历条件、继续教育条件、"双师"条件等内容，其中工作表

现主要体现在专业技术工作能力（含聘任专业技术职务以来的评教情况、授课量、指导青年教师情况、参与学校重点工作情况）、标志性成果（体现个人水平的成果，含教学类、科研类等）、选择性业绩成果（个人擅长领域的成果，比如教学能力类的获奖竞赛、指导学生类的获奖竞赛、课题研究、论文发表、教材、著作、社会服务等）。

（3）按照教师工作内容的不同分类

从教师的工作内容角度可分为教学科研型、专任教学型、专任科研型、社会服务与技术推广型等。高职院校按照教学、科研、社会服务工作量的不同对专任教师进行分类管理，教学型以教学工作为主，承担少量科研工作；教学科研型以教学工作为主，承担一定的科研工作；科研型在承担一定的教学工作基础上，主要开展科学研究、科技开发、技术成果推广等工作；社会服务与技术推广型在承担一定教学、科研工作量的基础上，主要开展农业与工业技术推广、公共政策与其他科技咨询、医疗服务及教育培训等社会服务工作。

（4）根据教师的素质能力进行分类

从教师在创新创业师资团队中承担的角色以及其具有的与角色相匹配的能力素质方面可分为以下四类：

一是启发型创新思维导师。这是导师的最高级别，其不仅具备非常优秀的创新创业教学能力、教研科研能力、创新创造能力，还具有引领学科发展的高瞻远瞩的能力和引导学生主动思考、最大限度地激发学生潜力和创造性思维的能力。

二是工匠型创新实践导师。其具有较强的创新创业教学能力、教学科研能力与创业实践能力，但更注重的是立足学科专业知识，以行业企业需求为导向，引领学生弘扬工匠精神，开展知识创新和技术创新实践，促进创新创业教育与专业教育深度融合。

三是教练型创业实践导师。其是兼具教练和导师双重属性的创新创业专业技术人员，具有创业实践能力、教学科研能力与自我发展能力，能充分挖掘学生创业潜能，合理评估与规避创业风险，持续提供个性化创业指导和耐心陪伴，助推学生创新创业项目走向市场，实现以创业带动就业。

四是咨询型创业指导老师。具有创业实践能力或扎实的创新创业理论基础或有某方面的专业特长，能在某一方面或者某几方面给予学生专业有效的指导。

（5）根据创新创业师资管理对象分类

分为教师个体和教师团队。教师团队一般包括教学团队、科研团队。教学团队按从事专业建设的内容和团队的规模等方面进行细分，分为课程教学团队、专业教学团队、专业群教学团队。科研团队从承担的纵向、横向项目的学术理论、技术研发和应用服务等来划分，分为创新学术团队、应用服务研发团队、重大研发团队等。

由上述分类分层情况，各高职院校可根据自身创新创业教育的发展需求，合理规划各类别中各要素的比例，优化创新创业教师的师资结构。

本章 7.1 节在研究高职院校创新创业师资管理和培养现状的基础上，重塑了教师素质能力模型和梳理了师资团队结构不同分类。根据创新创业的师资团队人员组成，本书将其细分为专职导师、专业导师、企业兼职导师、行政教辅兼职导师 4 类。在后面的 7.2 到 7.5 小节，本书将会对这四类导师的定义、特点、培养等方面进行深入研究。紧接着，7.6 小节将会就如何建设专兼结合、专创融合、校企融通的创新创业师资队伍进行探讨。7.7 小节将构建出创新创业教师五维管理体系，打造教师教学、科研、社会服务、个人发展等内容全面提升的管理模式。

7.2 创新创业专职导师成长路径

7.2.1 创新创业专职导师定义界定

在"大众创新，万众创业"的思想引领下，围绕国家职业教育改革总体目标，各高职院校纷纷设置了专门负责创新创业工作的独立的机构（将其命名为创新创业学院、创新创业指导中心）等，并配置了专职的教师和工作人员。

本书所指的创新创业专职导师是指在高职院校就职于创新创业独立机构的

专职教师。创新创业专职导师的任务主要是面向全体学生开展创新创业教学，使学生掌握创新创业的基本理论，培养学生的创新意识和创业精神。另外，对愿意创业的学生提供 VIP 指导，在虚拟或真实的环境中开展专业的培训和实训。除此之外，创新创业专职导师还承担校内专业兼职导师、行政教辅兼职导师、企业兼职导师的培养培训工作，帮助这些校内外兼职教师掌握创新创业的专业理论与创新创业实践方法，以便兼职教师更快速更高质量地补充到创新创业的师资队伍中去。

7.2.2 创新创业专职导师特点

目前，创新创业专职导师队伍的特点有以下四个方面：

（1）教师数量严重不足

1998 年创新创业教育才在我国起步，2012 年创新创业课程纳入高等教育的必修课，其面向全体高等院校的学生，在这种起步晚又辐射范围广的情形下，创新创业的专职教师远远不能满足学生数量的需求。据了解，高职院校独立的创新创业机构的专职教师人数大多数没有超过 5 人。

（2）师资结构不合理

创新创业师资队伍结构不合理，主要体现在年龄层次的不合理、知识结构的不合理、职称结构的不合理。创新创业的专职教师大多来自高职院校的其他专业的青年教师，所以学历、职称普遍较低，创新创业的理论也相对欠缺，大多数专职教师是走上岗位后，通过自我研修和教师培训的方式提升自身的创新创业知识结构，所以也导致专职导师的知识结构不合理。

（3）教师实践经验不足

创新创业的专职教师绝大多数都是"半路出家"，大多数人员没有参加过 KAB 或 SYB 培训，能到企业挂职锻炼的专职导师就更少了，更不要提有创新创业经历的专职教师，所以教师实践经验明显不足。

（4）教师培训体系不完备

大多数高职院校缺乏针对性的创新创业专职导师培训，更缺乏卓有成效的专职导师职业培训体系。导致这些"半路出家"的专职导师创新创业基础理论不扎实，能力提升缓慢。

7.2.3 创新创业专职导师培养

随着创新创业教育的不断发展，专职导师师资的匮乏成为创新创业教育当前面临的最大挑战之一。如果想解决师资紧缺的问题，必须要加强"外引内培"，组建数量充足的"双师多能"型创新创业专职教师队伍。

（1）创新招聘模式、拓宽招聘渠道，做好"外引"

高职院校引入创新创业专职教师，不但要创新招聘模式和标准，还要积极拓宽招聘渠道。招聘标准中一定要改变唯学历论的倾向，不但加大实践经验的占比，更要注重创业经验。围绕着"走出去，引进来"的思想，拓宽教师来源，一是具有创新创业知识结构的高学历背景的年轻教师；二是具有创新创业经历的专业背景的中年教师；三是具有丰富创业经历的社会人士或者企业家等。除此之外，还可以在校内的兼职导师中选拔，选拔时也要兼顾创新创业教师能力素养标准，不但要注重导师的创新创业基础理论，还要重视导师的创业实践能力，既要具备创新创业教育思维，又要具有较强的教学能力、科研能力、社会服务能力等。

（2）构建针对性强的专职教师培训体系，做好"内培"

随着"双创"的不断升级，对创新创业导师提出了更高的要求和挑战。高职院校亟须建立有针对性、专业的、系统的专职创新创业师资培训体系，全面有效促进创新创业教师理论、实践能力的提升，培养适应"双创"的社会化人才。创新创业师资培训体系，从培训进程上可以分岗前培训和岗后培训，从内容上可以分为专业化培训和社会实践锻炼。

岗前培训是在专职创新创业教师走上岗位前进行的系统培训，主要包括以下几方面内容：一是通过一系列教师理论课的培训，包括"高等教育学""高等教育心理学""高等学校教师职业道德修养""高等教育法律法规概论""现代教育技术学""教育教学技能"等6门课的学习，让创新创业导师具备作为一个老师应该具备的最基本的教育教学认知和技能。二是要通过一个学期的导师"一对一帮扶"，让新老师尽快胜任创新创业教学工作和科研工作。三是通过创新创业理论知识、相关业务的定期培训，不断更新教师的创新创业理论知识储备，丰富教师的创新创业经验。

岗后培训是在专职创新创业教师走上岗位之后进行的系统培训，主要包括以下几方面内容：一是通过各种形式的企业实践提升创新创新教师的实践水平，比如考察观摩、业务培训、顶岗实践、到企业实践锻炼等方式。二是通过深度的校企合作，搭建企业实践平台，给创新创业教师更多实践机会。三是邀请行业企业高精尖人才来校开展创新创业专业培训，更新教师创新创业教学案例，与时俱进。四是依托创新创业孵化器、创业园、创新创业学院等机构，模拟实践教学，提升教学水平的同时积累实践经验。

专业化培训是用来解决创新创业师资专业化水平不高的问题，可以定期在校内开展全员专业化培训，比如邀请校外的创业达人、产业精英来校开展讲座，分享创新创业经历；又如跟某一成功的创新创业教育实践基地联合开展教师培养，定期轮流输送教师到企业开展培训；抑或定期开展创新创业虚拟教研室间的学术研讨等，加强学术交流与合作。社会实践锻炼主要解决创新创业师资缺乏创新创业实践经验、缺乏实践能力的问题，对此学校应积极推进企业实践制度，搭建企业实践平台，落实企业实践评价机制。在合理安排企业实践时间的基础上，让老师可以通过多种企业实践形式进入企业进行锻炼，使得老师了解企业文化、企业生产方式、产业发展趋势等，熟悉企业的岗位职责、操作规范等，学习企业新知识、新技术、新标准等，结合企业实践完善创新创业教学方案、改进教学方法等。

7.3 创新创业专业导师发展路径

7.3.1 创新创业专业教师定义界定

创新创业专业教师，定位于基于学科专业的创新创业教育教师。其主要是面对本专业学生，开展创新创业专业教育，加强创新创业教育与专业教育的融合，强化理论知识与实践技能的结合，重点培养学生的创新精神、实践技能和创业潜能。

7.3.2 创新创业专业教师特点

目前，推动专业教育与创新创业教育融合（专创融合）是创新创业教育的大趋势。要使创新创业教育融入人才培养全过程，创新创业教师不仅要精通创业教育的学科知识，而且要能够有机结合自己的专业并具备较强的专业实践能力。然而，事实上，创新创业专业教师还远远不能满足创新创业教育的需求。

（1）专业教师对创新创业教育的认识有偏差

专业教师对创新创业教育的认识还存在误区，认为自己承担的创新创业课程不是自己负责的范围，只是一个兼职任务，因而参与性不强，投入精力不够。专业教师的教学方法还停留在知识的灌输和传授上，没有与实践有机结合。更有甚者自己对于创新创业理论知识，也是停留在一知半解上，更缺乏创业实践经历和经验。

（2）创新创业专业教师的年龄、学历、职称结构不合理

从创新创业教育各类文献的调查数据来看，创新创业专业教师队伍趋于年轻化，当前高职院校的创新创业教师学历以硕士为主，博士学位教师比例不高，副高及以上职称的教师就更少。创新创业教育是一种非常前沿的教育模式，要求创新创业教师对新鲜事物有较强的敏感度和接受度。很显然，青年教师在这一方面有着年龄上的优势。所以高职院校在组建创新创业教师团队时，也有意挑选了较为年轻的教师教授创新创业课程。这也是创新创业教师学历、职称较低的原因之一。但是，换个角度来看，年长的、高职称的教师会拥有更多的教学经验和资源，而且也拥有更强的教育教学研究能力及丰富的实践经验。所以，如何将这两者更好地结合起来，使得创新创业专业教师的年龄、学历、职称结构更合理，是值得进一步探讨的课题。

（3）创新创业专业教师的专业结构不合理

创新创业教育作为综合性非常高的教育实践活动，经济类、管理类教师一直起着非常重要的作用，大部分高职院校专门的创新创业机构或者创新创业基地都是从经济学院或管理学院分流出来的。另外，随着高职院校创新创业项目

的科技含量不断增加，不少高职院校理工科的专业教师也加入到创新创业的师资队伍中来，这一情况为创新创业教育增添了科技元素，为创新创业教师注入科技力量。但是，以教育学为首的文科类专业教师则处于比较尴尬的状态，因为文科类专业学生创业意愿较低，专业成果进行创业转化也比较难，而且，目前在创新创业过程中重实效、轻研究，这种倾向也导致了文科类专业在创新创业教育领域的话语权较低。

（4）创新创业专业教师的培养、考核不合理

目前，高职院校对专业教师的培养与培训还是将重心放在专业教学能力、教学科研能力、专业实践能力的提升上，尚未跟进提升创新创业理论素养、创新创业教育教学能力以及创新创业实践能力，导致专业教师在讲授专业课时没有与创新创业紧密结合，专创未实现深入融合。另外，高职院校对专业教师的考核评价依然关注其在本专业的教学、科研、社会服务等方面的成果，对于创新创业教育方面的成果未给予足够的重视。

7.3.3 创新创业专业教师培养

专业教师主要是面对各学科专业的学生开展专业知识和专业技能的教育教学，是各高职院校师资队伍的源泉和主阵地，也是各高职院校长期以来师资力量建设的重中之重。

（1）提高专业教师对创新创业教育的认识

为有效提高创新创业教育质量，就需要专业教师充分认识到创新创业教育对于高职院校学生发展的重要性，而且在教学的过程中，积极促使专业教育与创新专业教育之间的相互融合。创新创业教育要依托专业教育已在全社会达成共识，专业是创新创业的基础，而创新创业是专业的实践。此外，在创新创业教育教学过程中，教师需要转变教学模式，改变教学方法，积极引导学生参与教学的整个环节，摒弃传统的满堂灌的课堂模式。并且在实际教学过程中，教师要以培养学生为重点，从根本上提高学生在课堂教学中的主体地位，从而促进学生与教师的互动，最终达到提高教学效率的目的。

（2）探索培养创新创业专业师资途径

为了形成高职创新创业教育师资的长效发展机制，职业师范学院作为高职院校师资培养基地，应该从学科和专业建设的角度发展我国的创新创业教育，积极探索建立不同特色的创新创业专业，增强教师的归属感和发展动力，建立创新创业教师终身职业平台。例如，在各工程学科或专业下设立工程技术创新创业教育研究方向，培养具有教育工程技术背景的创新创业教育专业教师，赋予创新创业教育教师职业归属感、成就和身份。

（3）加强创新创业专业教师的创业理论和创业实践能力

创新创业教育的内容是与时俱进的，与社会发展紧密相连，创新创业教师要有与时俱进的心态，不断更新自己的知识结构，并且还要不断应用和实践、总结和提升。高职院校也要为创新创业教师多提供外出培训和交流的机会，通过参加各地专创融合培训、师资培训、学习交流，更快地提升教师创新创业理论知识。

提高创新创业专业教师的实践能力，可以邀请优秀的企业家、创业成功人士开展创新创业讲座。同时高职院校的专业教师也要进行足够时间的实践培训，各学校可规定新入职的教师须到相关企业进行实践锻炼至少半年的时间，用以增加教师的实践经验和实践工作经历。还可以加强与企业的联合开展创新项目，共同构建"产学研一体化"创业基地，创新创业专业教师通过参与项目，切实提高自身实践能力。

（4）建立创新创业教育教学团队

目前在国内存在众多的创新创业教育兼研究机构，但还不存在标志性的具备行业影响力的老师团队。可以通过整合校内优秀教师资源，从而形成跨越多个学科门类的教师团队，用团队的研究成果反哺教学，形成不断改进创新的教育循环体系，来保证创新创业教学质量的持续提高。针对跨学科创新人才培养需求，应激励、支持重点建立跨学科创新创业教育教学团队，为学校创新创业人才"特区"建设提供师资保障。

（5）全面优化考核评价机制

随着创新创业教育的发展，各高职院校也纷纷建立起独立的专门的创新创业机构，除了需要建立权责明确的领导管理体制，还要建立针对创新创业教师的考核评价机制。为了激励创新创业教育教师队伍高质量成长，在制定教师考核标准时，可将创新创业教育融入专业教育的成果与教师职称评定、岗位聘任、评优评先等相挂钩，教师在得到了应有的地位和认同后，做起工作来才更有动力。

7.4 创新创业企业兼职导师培养途径

7.4.1 创新创业企业兼职教师概念

创新创业企业兼职教师，主要来自职业技术学院聘请的优秀创业者、成功创业的企业家、风险投资人和各行各业的杰出人士，他们担任创新创业课程导师，通过举办讲座、沙龙、专题研讨会、创新创业课程讲授等多种方式进行创业指导，以提高大学生的创新思维、创业意识和创新创业能力，强化创业实践，进一步激发学生的创业热情。

7.4.2 创新创业企业兼职教师的意义

美国学者 ROUECHE 曾指出，"兼职教师是'沉睡的巨人'（sleeping giants）。他们的惊人数量以及对整个大学教学的影响力都不能也不应该被忽视"。企业兼职教师是高职院校借助社会资源而扩充的师资队伍，也是高职院校创新创业教育师资队伍不可或缺的力量。对于高职院校的创新创业教育来说，聘请企业兼职教师具有非常重要的意义，他们可以优化高职院校创新创业教育师资"双师"结构，大大弥补专职教师数量不足的问题；把企业、行业、产业前沿发展的动态快速、高效地融合到创新创业教学中，促进专业知识技能流动，提升实践课程教学效果；兼职教师作为企业与高职院校间的"沟通桥梁"，不但可以增进校企合作的紧密度，还能拓宽高职院校学生就业渠道；不仅可以增加教学资源，还能在一定程度上提高学生的就业率；传授企业行业的职业道德和企业文化，培养学生的职业素养、劳动精神、工匠精神。兼职教师对学生的影响不仅体现在专业技能知识的学习，更重要的是兼职教师个人在企业中所扮演的"职业角色"以及所具备的"职业素养"对学生的"隐性"教育作用。

7.4.3 创新创业企业兼职教师的特点

当前的企业兼职教师队伍存在企业兼职教师结构多元，执教素养参差不齐；学校对企业兼职教师的职责定位不清，管理不善；培训体系不完善，评价激励制度不科学等问题。

（1）企业兼职教师结构多元，执教素养参差不齐

高职院校的创新创业企业兼职教师来自各行各业，有优秀创业者、创业成功人士、企业家、风险投资人，当然也不乏一些为了生计兼职的企业基层人员。他们受教育的程度也参差不齐，这些企业兼职教师又来自不同企业，企业文化与职业素养不尽相同。这些因素导致企业兼职教师的结构多元。其中有些企业兼职教师，平时的工作比较繁忙，而且认为在高职院校兼课只是"副业"，上课应付了事，对教育育人的使命感和责任感不强。他们对学校组织的教学能力培训、教研活动、专业建设、科研项目等活动很少参加，导致企业兼职教师"传道、授业、解惑"的教师角色并未真正深入学生内心。

（2）学校对企业兼职教师的职责定位不清，管理不善

大多数的高职院校对企业兼职教师的职责定位不清，没有从人才培养方案和课程体系的角度确定企业兼职教师教书育人的职责，对企业兼职教师的教学没有确定教学目标，导致企业兼职教师授课没有系统化、体系化，大多组织几场专题讲座和讲述个人的奋斗经历；授课内容缺乏系统性和针对性，并没有对有创业意愿的学生进行创新创业的有效指导。此外，高职院校对兼职教师的管理松散。部分高职院校对企业兼职教师的管理存在"一张聘书聘到底"的情况，疏于管理。

（3）培训体系不完善，评价激励制度不科学

由于大多数的企业兼职老师来自于公司，没有接受过正规的高等师范教育教学培训，在聘用后，在岗前培训、校本培训、技术培训等方面都是走走过

场，培训体系不完善，导致教学水平差强人意。另外，在高职院校对兼职老师的薪酬是根据职务或专业资格来定的，职务和专业资格越高，工资就会越高，反之工资就会降低。这样的分配方式常常难以激励那些有一定学历但职务和专业资格不高却又热衷于教育的业余老师的热情，也助长了一些职业学校兼职老师的"应付了事"的行为。

7.4.4 创新创业企业兼职教师的培养

在大众创业、万众创新、工匠精神教育等大环境下，兼职教师的示范效应也不容忽视。《国务院办公厅关于深化高等学校创新创业教育改革的实施意见》提出，要在高校中引进知名企业家等行业中的佼佼者担任创新创业导师。为此，兼职教师应参与到设立"创业学院"、创建创新创业课程体系、实施各类创业技能培训和创业竞赛、振兴工匠精神等各个环节中，在强化专业课教学质量的前提下，要通过各种形式的创新创业教育和教学活动，突出其"职业榜样"的身份，发挥其在受众中的示范效应，从而推动大学生的就业、创业。

（1）加强企业兼职教师的规范管理

要对企业兼职教师进行规范管理，首先，在企业兼职师资选聘上，依据学科建设、行业需求，在充分考虑与企业、行业和产业的融合的基础上，制定灵活的师资选聘制度和完善的协调机制，一方面规范约束兼职教师的师德师风，另一方面围绕专业和项目需求，明确企业兼职教师在教学、项目参与、师资协作及薪金报酬等方面的具体安排，提升企业兼职老师的参与力度和服务质量。其次，加强对企业兼职教师的改进，对其发展目标进行细化，对共享数据平台上的企业兼职教师个人发展数据进行采集、监测和分析，促进其自我成长。最后，加强对兼职教师的研究成果的认定，促进其成果转化，促进其专业化程度的持续提升。

（2）完善企业兼职教师培养保障体系

教育教学能力是企业兼职教师的薄弱环节，因此，对他们加强教育教学方面的培训就显得尤为重要。首先，搭建企业兼职教师与学校教师之间的双向流动交互式的平台，实现对等交流、优势互补，提高企业兼职教师的教育教学水平，优化企业兼职师资。其次，教师发展中心要在教师职业道德、职业教育理论、教学规范、心理学、相关法律法规等方面对兼职教师进行培训。最后，持续优化培训的内容，针对不同层次不同级别的教师采用不同的培训内容和培训方法，实时监控培训效果数据，及时向兼职教师反馈评价结果，满足企业兼职教师不同发展阶段的提升要求。

（3）落实企业兼职教师评价激励运行机制

要想提高企业兼职教师的内驱动力，落实科学合理的考核评价激励机制是至关重要的。首先要完善考核评价体系。实行差异化企业兼职教师管理模式，分层分类设置评价标准，丰富教师评价指标，制定企业兼职教师考核评价办法，以确保评价结果的公平公正。还要完善奖惩激励办法，优化企业兼职教师薪酬分配体系。企业兼职教师的建设成效是以教学水平和科研成果转化率为标准，以兼职教师参与产教融合、校企合作深度等进行绩效工资动态调整，实现多劳多得、优绩优酬，从而激励企业兼职教师自我改进和持续提升，实现企业兼职教师队伍的优化。

7.5 行政教辅兼职导师助力创新创业教育之路

7.5.1 创新创业行政教辅兼职导师概念

创新创业行政教辅兼职导师，是高职院校从事行政事业、辅助教学、科研的工作人员，以及从事学生工作的辅导员。在创新创业师资队伍紧缺的情况下，行政教辅兼职导师是创新创业师资队伍的重要补充力量。

7.5.2 创新创业行政教辅兼职导师的特点

目前这类兼职教师的主要任务是面向有创业意向的大学生进行创业实践的辅导与答疑解惑，有的还承担了一些专业课程、创新创业课程的理论讲授和实训等。行政教辅兼职教师一直是高校拓展的师资队伍，当然也是高校创新创业教育师资队伍不可或缺的新兴力量。

（1）创新意识淡漠，缺乏创造力

对于创新创业行政教辅兼职教师来说，创新创业教育只是他大量繁杂工作中的很小一部分，他们大多不会在创新创业教育课程中投入过多的精力和热情。另外，由于行政教辅人员本身政策性强的工作性质，较大部分人学习观念淡漠，对于新生事物的探究精神不够，导致他们超前意识不够，观念陈旧，响应滞后，难以胜任快速发展、创新求变的创新创业工作，不能主动研究创新创业的时代特征和学生特点变化，缺乏改革创新工作方式方法的意识，无法创造性地引领学生成长。

（2）创业理论不足，创业经验欠缺

伴随各高职院校的创新创业教育改革，行政教辅队伍中的大多数教师在成为创新创业教师前都经过了学校的创新创业课程培训。但是创新创业兼职教师还是普遍存在创新创业知识储备不足、创新创业思维欠缺、创新创业能力有限的问题。此外，行政教辅兼职教师自身也缺少开展创业指导的经验，大多数的行政教辅兼职教师都没有创业经历，也没有经过创业的企业实践，加上学校企业实践政策基本上都是针对专任教师，行政教辅老师也没有企业实践的渠道，导致行政教辅兼职教师的创业实践能力无法提升。

（3）学校对校内兼课教师疏于管理

目前，我国高职院校对兼职教师的管理较为宽松，一些行政辅导员因工作繁忙，在教学上的投入也相对较少，造成师生在时空上难以进行有效的交流，出现"兼而不职"的现象。此外，缺少行之有效的培训机制和考核评估体系，导致兼职教师在教学、科研、实践等方面没有足够的培训和评估，致使其教学水平不高，教学质量不能得到保障。

7.5.3 创新创业行政教辅兼职导师的培养

开展大学生创新创业教育不仅需要专业的创新创业师资力量，也需要行政教辅兼职教师的引导和组织实践活动，尤其行政教辅兼职教师中的辅导员与学生的关系较为密切，在开展创业教育中更起到引导者、开导者的作用。所以从这个层面来讲，要发挥行政教辅兼职老师的优势，助力创新创业教育发展。

(1) 发挥行政教辅兼职教师的引导者的作用

激发大学生的创新创业意识是创新创业教育中的核心内容。在学校里，辅导员与学生之间的关系比较密切，而辅导员又是一名引导人。因此，要积极发挥其指导作用，激发大学生的创业精神。在日常教学中，行政教辅兼职老师要向学生们讲解创业的重要性和价值，让他们在不知不觉中接受创业的知识，并逐步培养他们的创新意识，积极参与到创新创业活动中来。

(2) 发挥行政教辅兼职教师的活动组织作用

行政教辅兼职教师相对于专职、专业教师来说，最大的优势就在于各项活动的组织的能力，他们在日常工作中练就了严谨、负责的工作态度，所以在开展大学生创新创业教育中，应该充分发挥行政教辅兼职教师在活动组织方面的作用。首先，组织各类创新创业讲座，做好相关的宣传和动员工作，以鼓励大学生参加诸如创业竞赛的创业活动。其次，可以采用海报、微信、微博等形式，通过抖音、校园广播、宣讲会等方式，让学生了解创新创业的益处，激发他们的学习热情，积极参与到创新创业活动中来。除此之外，在活动中适时提供心理辅导，当学生有困难时，要给予鼓励。最后，行政教辅兼职教师可以参与创建学校的创业基地，为学生提供实践活动的空间，并以创业项目的形式向企业提出申请入驻创业孵化基地的资格，行政教辅兼职教师还可以为其提供相应的帮助和辅导。

(3) 发挥行政教辅兼职教师的服务作用

行政教辅兼职教师也可以利用自身优势（政策把握），收集创新创业相关的政策、创业的流程、创业项目的选择等信息，在对学生开展创新创业教育时，为学生提供创新创业服务。行政教辅兼职教师可以合理安排自己的工作时间，组织同学参加创业交流会、头脑风暴等创业创意分享会，为学生提供创业思路，并根据学生创业团队的差异性特点，提供专业性的创业服务和指导，指导学员选择创业项目，撰写可行性分析报告、策划书等。

(4) 合理分流，拓宽自我发展渠道

基层的行政教辅人员难以通过干部选拔任用的渠道晋升成长，只有通过多岗位的锻炼或学历、职称提升，才有可能出现在备用人才之列。行政教辅兼职教师也可以通过创新创业教育的尝试，转变思维，积极求变，努力学习创业知识，锻炼创业实践能力，向创新创业专业化和职业化发展。

7.6 建设专兼结合、专创融合、校企融通的创新创业师资队伍

基于对专职导师、专业导师、企业兼职导师、行政教辅兼职导师的定义、特征、培养等方面的阐述，本节将会就如何建设专兼结合、专创融合、校企融通的创新创业师资队伍进行探讨，需要从以下几个方面着手：

第一，高职院校应围绕高质量人才培养做好顶层设计，明确各类导师的职责。首先，各高职院校根据深化创新创业教育改革的新要求，重构人才培养方案，将基础教育课程体系、创新创业教育课程体系和专业教育课程体系有机融合起来，构建科学的课程体系。其次，依据新的人才培养方案和课程体系，完善专职导师、专业导师、企业兼职导师、行政教辅兼职导师的职能定位、任务分工与职业生涯培训体系等。

第二，完善创新创业师资队伍的绩效考核制度建设，面向专职导师、专业导师、企业兼职导师、行政教辅兼职导师，分类别、分层次制定绩效考核管理办法，加大创新创业教育的考核评价力度，细化绩效考核标准和考评指标，有效激发专职导师、专业导师、企业兼职导师、行政教辅兼职导师从事创新创业教育的主动性和内动力；加大教学质量的考核评价力度，量化教学质量的考评指标，把创新创业教育教学能力和教育质量作为晋升高一级职称的必备考核指标；强化科研与教学的关联度，重视科研成果的质量而弱化其数量；加大专业教师的创新创业教育培训力度，未参加培训的专业教师，不得参与高一级的职称评审。

第三，高职院校应通过"内培"与"外引"，配齐专职教师队伍。制订和实施创新创业教育专职教师队伍培养计划，从专业导师、行政教辅兼职导师中遴选专职教师进行培养；鼓励专业教师转型发展，尤其是青年专业教师转任专职教师；要借势校外资源，广泛引进外校优秀的、与专业相关的、愿意从事创新创业教育的毕业生充实专职师资队伍。协调各类型教师队伍力量，基于学科

专业打造创新创业教育教学科研团队，充分调动和发挥教学创新型专业教师、技术技能型专职教师、创业指导型兼职教师在团队中的优势和作用，达到专兼协同。

第四，要引导专业教师树立专业教育与创新创业教育紧密融合、培养以岗位创业为导向的创新创业型人才的教育教学新理念；增设学科专业的发展趋势与技术前沿相关课程和专题讲座，介绍学科专业的前沿技术、研究方法、行业发展前景与技术发展方向等内容，为学生的创新创业储备知识基础；鼓励专业教师深入挖掘专业（专业基础）课程的创新创业元素和资源，在传授专业知识的过程中融入创新创业教育。

第五，利用校企合作平台、产学研平台等，有计划地安排专职教师到相关的企业挂职锻炼，培养其产业化的实践能力和对市场信息的掌控能力；鼓励有能力的专职教师带领有创业意愿的学生进行创新创业，在实战的环境中获得真实的体验，在实战中提升创新创业教学能力。

第六，全面保障专职导师、专业导师、企业兼职导师、行政教辅兼职导师各类教师的工资待遇，足额安排各类教师的各项必要的培训经费，特别设立专项经费支持专业教师开展教育教学理论研究，鼓励进行专业教育与创新创业教育教学理念、教学内容、教学方法的研究与实践等。

7.7 构建创新创业教师五维管理体系

目前，高职院校的创新创业教师分类分层较为粗略，没有考虑个体和团队的发展需要，没有考虑专业教师、行政教辅兼职教师、校外兼职教师的职业发展路径，重视专职教师队伍的加强，轻视专业教师队伍的构建，忽视兼职教师队伍的管理，导致师资队伍类型简单、结构单一、多元化程度不高；重视教师的学历和科研成果，轻视教师的经历和教学质量，导致教师能力素质的复合度不强等。因此创建一个高职院校系统化、多维化、精细化、协同性、融合性、多元化的管理体系显得尤为重要。本书在研究了国内外创新创业师资队伍分类分层现状和问题后，将教师教学提升、科研进步、社会服务、个人发展等内容进行整合设计，构建促进专兼职教师个体专业发展的创新创业教师五维管理体系。

创新创业教师五维管理体系分为五个维度，分别从管理对象、教师来源、职业发展、教师工作内容、教师能力素质五个维度来设计。管理对象维度分为个体和团队。教师来源维度中，个体的来源分为专业导师、校内兼职导师（含专业兼职导师、行政教辅兼职导师）、校外兼职导师（含优秀企业管理者、创业成功者、各领域的创业专家），团队主要由教学团队和科研团队构成。职业发展维度，专职导师按照专业技术职务进行分层，即为教授、副教授、讲师、助教。校内兼职导师参照专职导师分层，即为兼职教授、兼职副教授、兼职讲师，讲师职务以下的人员不建议做创新创业的兼职导师。校外兼职教师根据其学历、经历、职务职称、创新创业能力等因素，其发展路径为一般兼职导师、现代产业导师、高层次技能型兼职导师、技能大师。工作内容维度个体可划分为教学科研型、专任教学型、专任科研型、社会服务与技术推广型。教学团队可划分为教学团队、专业教学团队、专业群教学团队。科研团队可分为创新学术团队、应用服务研发团队、重大研发团队。教师能力素质维度个体分为启发性思维导师、工匠型创业导师、教练型实践导师、咨询型创业指导师。团队可分为团队带头人、团队成员。五维管理体系如图7-1所示。

高职院校师资队伍分类分层体系优势如下：

第一，系统化。系统由若干要素组成，各要素相互联系、相互制约，作为一个整体发挥功能，系统的功能大于各要素自身和各要素相加的功能。高职院校师资队伍系统化分类分层是指对高职院校师资队伍中的主体力量进行统筹考虑，从学校办学特色、专业建设、科研发展、校内外专兼职教师个体发展的需要进行整体设计，以便于分类施策、定向发力，对师资队伍进行各要素最优化的管理和建设。

第二，多维化。多维化意味着更多的角度和层面，从一个开放的视角去进行观察和思考。高职院校师资队伍多维化分类分层是指从不同维度对师资队伍进行分类分层，例如从教师来源维度分为校内专职教师和校外兼职教师，从教师专业成长平台维度，分为教师个体和教师团队。多维化分类分层可以考虑到教师群体的多元化和发展的多样性，从各个维度对教师进行分类分层管理，有利于激发教师工作积极性，并对其发展起到较好的引导和规范作用。

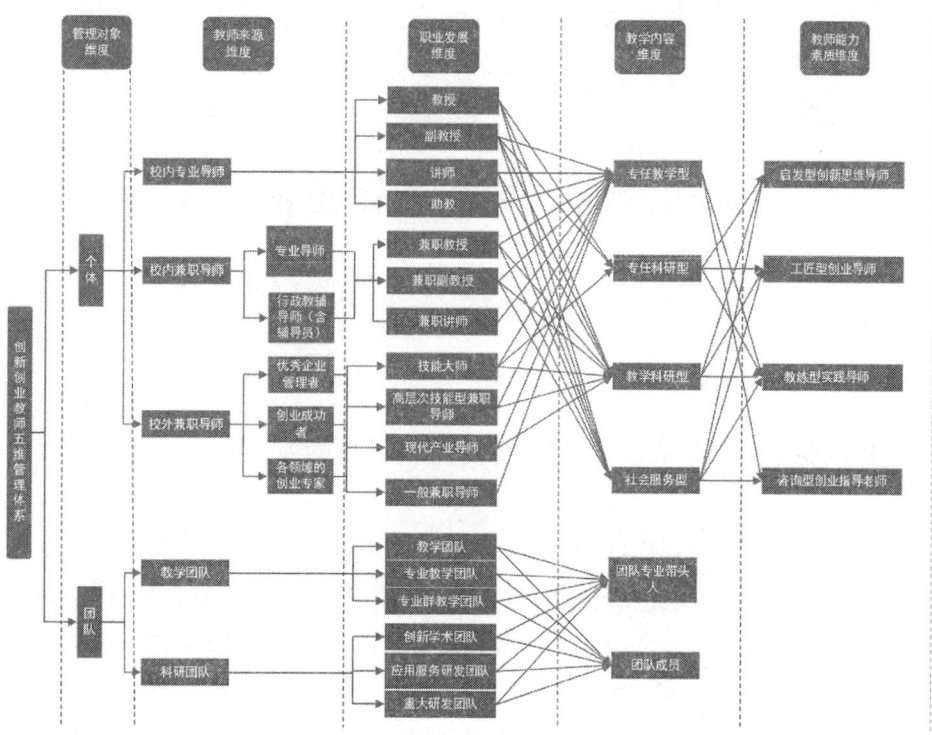

图 7-1　创新创业教师五维管理体系

第三，精细化。精细化是一种现代管理理念和文化，它是社会分工精细化的必然要求。高职院校师资队伍精细化分类分层是指明确细化对师资队伍的分类分层标准，将高职院校师资队伍进行边界清晰的分类，从工作主体角色出发，涵盖校内外专兼职教师。因高职院校教师和行政教辅人员的工作任务及职业发展规律和要求不同，精细化分类分层更有利于各个群体的专业发展。

第 8 章

高职院校大学生创新创业教育

8.1 扩招背景下高职学生创新创业差异化教育

高职院校百万扩招是我国普及高等教育的"临门一脚",也是稳定和扩大就业的现实需要,是从供给侧解决当前高技能型人才短缺的战略之举。2019年3月,李克强总理在《政府工作报告》中指出,"改革和完善高职院校考试招生办法,今年大规模扩招 100 万"。自 2019 年至 2021 年,连续 3 年国家提出扩招计划。2019 年 5 月,教育部等 6 部门联合印发《高职扩招专项工作实施方案》,明确提出针对"退役军人、下岗失业人员、农民工、新型职业农民"等群体单列计划招生。2020 年《政府工作报告》提出"今明两年高职院校扩招 200 万",2021 年《政府工作报告》提出"要完成高职扩招三年行动目标"。

高职院校连续 3 年扩招以后,生源结构相对于以往传统生源发生了较大变化,如何在教学资源没有显著增加的情况下,实现高质量扩招和做好非传统生源培养工作,是当前职业教育所面临的重要问题。创新创业教育的核心任务是培养大学生的创新精神与创业能力,本研究针对高职百万扩招背景下,非传统生源群体特性开展差异化的创新创业教育,以期提升他们的创新创业水平和就业竞争力,为高职教育实现从数量到质量跨越式发展提供有益参考。

8.1.1 "百万扩招"的时代意蕴

8.1.1.1 百万扩招：普及高等教育的"临门一脚"

1999年大学扩招使我国高等教育加快了大众化的步伐，时隔20年之后，2019年的高职"百万扩招"则成为高等教育普及化的"临门一脚"。由教育部发布的《2018年全国教育事业发展统计公报》显示，2018年我国高等教育毛入学率达到48.1%，2019年国家提出高职扩招100万人的任务目标，将进一步提高我国的高等教育毛入学率，直接推动我国高等教育跨入普及化阶段。众多的农家子弟、家庭经济困难学生、下岗失业工人、农民工、退役军人得以通过扩招政策进入高校，我国高等教育的普及面和覆盖面将会越来越广，全国人口接受高等教育的比例将逐步加大，国民整体素质将得到大幅度提升。

8.1.1.2 百万扩招：国家经济社会的"稳定器"

2018年中共中央首次提出"六稳"，其中"稳就业"处于"六稳"之首；2020年中共中央首次提出"六保"，其中"保居民就业"处于"六保"之首，可见稳定居民就业对于国家经济社会发展具有重要意义。当前，我国依然存在结构性就业矛盾。一方面，高水平技术技能型人才短缺；另一方面，低水平无特殊技能群体又难以找到适合的工作，以至于形成了一个特殊的就业困难群体"三和大神"。目前"90后"和"00后"已进入就业市场，他们多为独生子女，对就业比较挑剔，是在多媒体时代成长的新新人类，如果不积极稳妥地做好他们的就业工作，将会带来一系列社会问题。因此，面对经济增速放慢、产业结构调整加快和社会对高质量体面就业的期待，高职院校"百万扩招"具有"稳定器"的作用。

8.1.1.3 百万扩招：扩大就业的"缓冲器"

当前我国就业形势严峻，"退役军人、下岗失业人员、农民工、新型职业农民"等部分特殊群体，因其文化理论基础、技术技能素养与就业市场需求存在较大差距，就业形势不容乐观。而高职院校实施"百万扩招"后，这部分群体通过单独招生或免试入学等多种招生形式进入高职院校，重新接受理论知识和技术技能培养，通过2~3年"缓冲"学习和培养培训，使他们掌握"一技之长",成为具有较强就业能力的高素质技术技能型人才,以期实现"有尊严、更体面、高质量"就业。

8.1.1.4 百万扩招:劳动力职业发展的"加速器"

职业培训是推动劳动就业和社会保障的重要一环,劳动就业和社会保障是衡量一个国家经济社会发展水平的重要标志。"退役军人、下岗失业人员、农民工、新型职业农民"等部分特殊群体,在进入高职院校之前,掌握的劳动技能较少,个人职业生涯规划不明确,甚至经历过下岗失业、就业困难或创业失败的困境。通过"百万扩招"进入高职院校后,这部分特殊群体,在高职院校接受专门的职业生涯规划教育,并且与创新创业教育有效融合,提高他们的创新精神和创业能力,帮助他们实现职业发展的"提质加速"。

8.1.2 扩招后非传统生源差异解构

高职百万扩招后,退役军人、下岗失业人员、农民工、新型职业农民这四类非传统生源群体存在自身特性差异、学习动机差异、就业需求差异等特点,在高职院校的日常教学和学生管理过程中,要充分了解和掌握他们的差异特征,以便"因材施教",有的放矢,采取有针对性的教育教学改革措施。

8.1.2.1 退役军人

我国现在有退役军人5700多万人,并且每年以几十万人的速度递增。庞大的退役军人群体,已成为高职院校扩招的重要来源。该群体具有以下基本特点:(1)在部队接受过严格训练,政治性强、遵规守纪、吃苦耐劳、身体素质好、团队协作能力强;(2)正当壮年,年纪较轻,可以接受全日制学习;(3)享有退役军人入学国家优惠和补贴政策,家庭经济负担相对较轻;(4)在部队期间,学习掌握了一定的"军民两用"专业技术技能,比如:烹饪、驾驶、养殖、维修等,有一定的产业学习背景;(5)服役期间与社会接触机会较少,造成了一定程度上的"社会断层",缺乏工作经验;(6)学习新技术新知识动机较强,希望在高职院校继续学习深造其在部队原有相关专业,或学习一门新技术,摆脱以往退役军人就业质量不高的困境,实现体面就业、稳定就业。

8.1.2.2 下岗失业人员

随着我国经济增速放缓、产业转型升级、新冠疫情，以及网购对实体经济的冲击等诸多影响，我国涌现了一大批下岗失业人员，他们主要具有如下特点：（1）年龄偏大，文化和技能水平较低，家庭负担较重，进行全日制脱产学习有难度；（2）经历过下岗失业，心理较为敏感，更加珍惜来之不易的再学习机会；（3）比较吃苦耐劳，但学习基础薄弱，专业学习经历少，学习能力不强；（4）有一定的工作和社会经历，想进一步提高专业技能，改变当前下岗失业窘境。

8.1.2.3 农民工和新型职业农民

随着我国新型城镇化进程的加速，大量农民工和新型职业农民拥入城市，他们一般具有如下特点：（1）普遍年龄较大，一般来自农村多子女家庭，家庭经济基础较差，家庭负担较重，难以进行全日制脱产学习。（2）掌握一些基本的技术技能，部分人有一定的资金和创业经验，但普遍缺乏理论指导。（3）在就业需求方面，一部分人希望通过在高职院校的学习，提高自身就业能力，学到能适应城市生活的一技之长，将来毕业以后留在城市；而另一部分人则对农村、农业、农产品有着天然的朴素情感，希望通过自身努力，进一步学习农业相关专业知识，将来返乡创业，改变家乡面貌，以自己的实际行动助力乡村振兴。

8.1.3 高职创新创业教育现实困境

8.1.3.1 创新创业教育师资力量薄弱

高职院校创新创业教育面临的最大难题，仍然是师资队伍匮乏的问题。因为创新创业教育学科综合性较强，要求教师既有创新创业知识能力，又有专业领域知识，还要具备一定的从业经历和行业经验。高职院校同时兼备创新理论和创业实践的教师较少，当前，创新创业授课教师多为行政教辅人员、辅导员、思想政治教师、管理大类专任教师。除管理大类专任教师外，其余人员普遍存在理论不足、创业经历缺乏等短板。

8.1.3.2 人才培养方案差异性不强

高职扩招后，不同生源群体进入高校，相对传统生源，扩招生源群体普遍存在工学矛盾、学习基础薄弱、经济压力较大、管理难度加大等问题。但目前我国许多高职院校人才培养方案仍延续扩招前的传统模式，人才培养方案不能适应扩招后非传统生源群体特性，不能满足其教学现实需求，教学效果不明显，教学质量下降，学生就业创业能力不强。

8.1.3.3 课堂改革推进困难

传统的创新创业课堂教学仍以教师为中心，主要以讲授创新创业相关的专业理论知识为主，存在不同程度的"填鸭式"教学现象，没有很好地体现"以学生为中心"的教学理念，是典型的"知识课堂"。因扩招后非传统生源普遍存在年龄偏大、计算机操作水平有限等问题，创新创业课堂教学与信息技术接轨存在瓶颈，推进"翻转课堂""混合式教学"等"课堂革命"模式存在一定难度。

8.1.3.4 专创融合、产教融合不紧密

当前的创新创业教育仍然存在一定程度的脱离实践、"纸上谈兵"的问题。因授课教师本身缺乏行业、企业一线实践经验，造成创新创业课程教学以理论讲授为主，脱离行业、企业具体创业实践。创新创业教育跟专业结合不紧密，存在一定程度的"两张皮"现象。因缺乏足够的校内（外）创业实践平台（基地），导致学生的创业实操环节流于表面形式，部分高职院校的学生创新创业课程考核，以项目汇报"路演"结课，缺乏将课程中开发出的创业项目进一步孵化、落地的动力和依托基础，将创新创业课产生的成果进行转化存在一定程度技术壁垒和门槛。

8.1.4 扩招后创新创业教育解困之道

8.1.4.1 开展职前职后培训，建设专兼职师资队伍

针对非传统生源特性和双创教师先天能力不足等短板，应在充分了解掌握非传统生源特点的基础上，有针对性地开展双创教师职前和职后培训，通过专业化、系统化的教师培训，进一步提升双创教师的教育教学能力。

通过职前培训，让非创业领域出身的行政教辅人员、辅导员等双创教师掌握较为全面的双创原理和基础，并针对非传统生源特点设计安排个性化教学培训。比如广州番禺职业技术学院每年举办双创新任教师培训班，所有新任双创教师都必须参加该培训，系统学习双创教育理论和实践知识，取得培训合格证后方可上岗授课。通过职后培训，让双创教师进一步提升双创教学方法，熟练掌握挖掘、孵化学生创业项目的技能技法。帮助双创教师针对非传统生源学生特点，挖掘他们有价值的创新创业项目，充分运用双创科研与教学成果服务军工、农产品、养殖业、服务行业等，为非传统生源学生的科技成果转化和项目创业落地做好前期准备。

针对创新创业教师缺乏行业经历和创业经验的问题，在加强校内教师培养培训的基础上，应加大力度从企业和社会引进具有丰富行业经验和创新创业经验的兼职授课教师，充分发挥他们的创新创业实践优势，整体提高双创教师队伍素质。一是，聘请退役军人企业家、下岗创业成功人士、知名农产品经理人等担任双创兼职教师，让他们在教学过程中与大学生分享自身经验和创业心路历程，一方面因为身份相同可以让非传统生源学生感受创业的艰辛和不易，另一方面分析他们创业成功或失败的案例可以让学生少走弯路，使学生有身临其境之感，摆脱枯燥的理论说教，增加创新创业课程的实践感染力。二是，选聘优秀的创业成功校友加入兼职教师队伍，发挥校友与在校学生同根同源的亲和力，让他们介绍自己在校期间如何提高自己的创新创业能力，以及毕业后如何运用学到的知识进行创业，激发大学生的学习积极性和创业动力。三是，从政府机关、社区（乡镇）、事业单位中选聘有丰富创新理论知识和创业经验的人员加入兼职教师队伍，推进非传统生源大学生创新理论和创业实践一体化进程。

8.1.4.2 因材施教，分类制定差异化人才培养方案

高职扩招后，非传统生源的"退役军人、下岗失业人员、农民工、新型职业农民"等群体与传统普高或中职毕业生源存在较大学情差异，因此这就要求高职院校改变原来统一的人才培养方案，根据不同生源特点，灵活设置学习方式和时间，因材施教，分类施教，探索制定适合成人学习特点的弹性学制等教

学模式，大力推行1+X证书制度和学分银行。

在人才培养方案的制订上，要根据教育部印发的《高职扩招专项工作实施方案》总要求，按照"标准不降，模式多元，学制灵活"的原则，提高非传统生源人才培养的针对性、适应性和实效性。在创新创业教育的课程设置方面，要改变以往"一刀切"的教学模式，要根据扩招生源已有教育程度和学习基础，分为基础班和提高班，授课教师可采取不同的教学方式，设计不同的教学目标和任务，开展分层分类教学，保证扩招生源的学习质量和效果。在创新创业教育的实践教学方面，既要按照教育部扩招政策的相关要求，又要综合考虑非传统生源的教育背景、从业经历、在职岗位、已有资格证书、既有技能成果与所学专业匹配度等多种因素，灵活安排设置适合非传统生源的创新创业教学实践活动。

广州番禺职业技术学院根据退役军人扩招生源特点，将退役军人学生单独编入市政工程技术专业班级，根据他们的服役经历、学习基础、技能情况等，科学制订差异化、特色化人才培养方案，加强创新创业教育理论知识和岗位实践技能的有机融合，促进退役军人学生综合素质的全面提高，使"最可爱的人"终身受益。

8.1.4.3 实施课堂革命，创新应用"对分课堂"教学模式

随着信息技术的迅猛发展，在创新创业教学过程中，应大力推进翻转课堂、对分课堂、混合式教学、慕课教学等新型教学模式，淘汰纯理论说教的"水课"，打造创新创业的"金课"。但扩招后的非传统生源，普遍存在年龄偏大、计算机应用操作不熟练等问题，因此有必要在推行创新创业课堂教学改革之前，对他们进行一些基础的信息素养训练，大力提高他们的信息技术水平，适应与新信息技术结合的课堂教学改革。

在推进课堂革命的多种教学改革中，针对扩招生源特点，"对分课堂"作为一种新的创新创业教学改革模式，具有一定的创新性和推广价值。对分课堂教学理念由复旦大学张学新教授于2014年提出，从此以后，陆续在国内诸多本科高校中推广应用。对分课堂强调师生权责对分，其核心理念是一半课堂时间由教师讲授，而另一半时间留给学生讨论；把老师讲授和学生讨论时间错开，在课后留一周的时间由学生自主学习，进行个性化内化吸收；相应考核方法注重过程评价，并且关注不同群体的学习需求。在教学实践中，对分课堂真正实现了教育由被动到主动的转变，使课堂教学更为有效，达到了知识与情感的双重升华。

目前，对分课堂应用在高职院校创新创业教学改革中并不多见。为提升高职扩招生源的创新创业能力，关注不同生源群体学习需求，提高人才培养质量，广州番禺职业技术学院基于扩招生源差异性特征，对对分课堂在创新创业课堂教学中的应用进行了积极有益探索。在具体教学改革实践中，将教学过程安排分为教师讲授（Presentation）、内化吸收（Assimilation）和讨论（Discussion）三个既彼此独立又密切相关的三个环节，简称为PAD课堂。

在教师讲授环节，教师主要讲授创新创业的基本理论和方法，对创业理论框架、重点和难点进行主线阐述，并针对非传统生源特点，布置一些具体的任务，要求学生课后思考完成。在内化吸收环节，主要是强调学生课后自主学习和有意识的主动探究学习，学生在老师讲授和课堂讨论的时间间隔内，根据课堂讲述的知识点，自行对一些具体创业细节和创新理论进行深入思考消化，这是实现课堂对分的衔接桥梁和关键。在讨论环节，由教师进行课堂掌控，学生以小组汇报的形式，将学习所得知识和内化吸收环节的收获体会在课堂上展示。汇报小组展示时其余小组针对汇报内容进行提问、质疑，汇报小组要当场进行答辩。通过学生之间的相互讨论和思想碰撞交锋，可以加深对创新创业理论的理解，开拓他们的创新视野，提高实践动手能力，提升创新创业教学质量。

以广州番禺职业技术学院全校必修课"创新创业基础"为例，进行对分课堂改革，旅游管理1班进行对分课堂改革，旅游管理2班仍按传统模式授课。"创新创业基础"课程开设一个学期24学时，分为12周上课，每周2学时，每周2学时连上。在对分课堂改革的班级，第一周第1节课，由教师向学生明确说明本门课程的学习形式、任务目标、考核方式等，并以树状图的形式向学生展示每个章节的主线和内在联系，让学生大致做到心中有数。在第一周第2节课，由教师精讲第一章的课程内容框架、难点和重点，并且布置课后的思考任务和创新创业案例作业。此教师讲授环节，以灌输方式使创新创业基础知识实现第一次内化。在第一周课程结束以后，学生课后需利用一周的课余时间，自己进行独立思考和分析，结合课堂讲述内化吸收知识要点。此环节是以自主学习的方式使创新创业知识的内化程度逐步加深。在第二周第1节课，由学生围绕第1章的知识点和思考任务、创新创业案例作业发表各自观点，进行讨论。该讨论环节是以思辨和头脑风暴的形式再次加深对创新创业知识的理解和运用。在第二周第2节课，又由教师讲授第二章课程内容框架，并布置课题思考任务。以后每周课程都如此往复。实践证明，进行对分课堂改革的班级，学生课程考核成绩和创新思维、创业意识都比传统模式授课班级高。

8.1.4.4 加强专创融合，大力推进校企合作

为有效解决创新创业教育与专业教育"两张皮"现象，高职院校在人才培养方案和课程标准制订时，应将创新创业教育相关内容有机融入。从最开始的人才培养方案设计开始，就在专业教育中"润物无声"地渗透创新创业教育，从而有效解决专创脱节问题。高职院校要根据扩招生源的不同特性，多元化构建创新创业教育课程体系，并结合其入校前的行业、产业背景，在创新创业教育过程中有意识地兼顾行业、产业最新的科技前沿情况，开拓学生的创新思维和视野。

在创新创业教育实践中，通过以赛促教，分层递进，促进专创融合。通过以"挑战杯""互联网+"等创新创业大赛为抓手，从校赛、省赛、国赛中一步步全面提升学生的创新创业精神和专业实践能力。例如广州番禺职业技术学院，在"互联网+"校赛阶段，鼓励各创业团队跨学院、跨专业、文理结合，组队参赛。校赛所有参赛作品，经过校外专家匿名网络评审后，优秀作品进入校赛现场决赛；现场决赛阶段，各团队上台展示参赛作品，并接受现场专家提问。校赛结束后，由学校组织相关行业、企业专家和投资机构代表，对优秀作品进行进一步打磨。在省赛和国赛阶段，由学校邀请业界知名专家对参赛项目进行专门指导，并拨出专门经费，支持项目团队到专业工厂生产一线对作品进一步完善。在校赛、省赛、国赛过程中，既注重对参赛团队的重点培养，同时又关注其他未能入选团队的培养培训，每一次比赛都组织学生进行观摩，赛后组织专家复盘，分析得失。

校企协同共建创新创业实习实训基地。高职院校应联合校友、知名企业、社会资源等多方力量，联合共同出资，创建创新创业孵化基地和校企协同合作中心。结合扩招生源不同行业、企业背景，通过创新创业课的真实项目式开发教学，在创新创业孵化基地将他们以前的技术技能优势、行业经验、创业经验等优势进一步开发，通过产教融合和工学结合，培养学生的创新技能和创业意识。同时，结合扩招生源特点，可校企共建"校中厂"和"厂中校"，订单式共同培养技术技能人才，将企业生产实践中所面临的技术难题、生产痛点，搬到真实的创新创业课堂中，引导学生运用所学知识，学以致用，为企业解决生产实践难题。

百万扩招后，退役军人、下岗失业人员、农民工、新型职业农民等大量非传统生源进入高职院校。面对生源之变，高职院校要在教育供给侧上因势而变，顺势而为。针对非传统生源群体不同差异特征，以及当前高职院校创新创业教育现实困境，应加强创新创业师资队伍建设，分类制订差异化人才培养方案，改革教学模式实施课堂革命，提升专创融合力度，推进产教融合协同育人。通过一系列差异化教育教学改革，提升扩招后非传统生源创新创业能力，化解高技术高技能型人才短缺问题，缓解特殊群体就业压力，体现高职院校责任担当，高质量落实扩招任务。

8.2 创新创业背景下高职贫困生人才培养策略

随着高职院校不断扩招，贫困生在高校中比例不断增加，如何在大众创业、万众创新背景下，提高高职贫困生综合素质能力，提升人才培养质量，是新时期高职教育不容回避的问题。创新创业背景下，高职院校应该加快教育体制机制改革，根据学生潜力特长，激发创新意识，培养创新思维，提高创业能力，整体提升人才培养质量。

8.2.1 高职贫困生面临的现实困境

高职贫困生在大学校园中往往存在经济、心理、学业、就业多重压力。

8.2.1.1 经济压力

高职贫困生大部分来自偏远地区农村或小城镇，且往往来自多子女家庭或下岗工人家庭，经济来源有限，家庭负担重。大部分贫困生积极申请国家助学贷款、国家助学金，通过勤工助学缓解学费压力，但往往"僧多粥少"，仍有相当部分贫困生得不到资助。同学之间各种聚会、班级活动，都需要支付不菲费用；同时随着信息技术普及，各种学习资源基本通过现代技术手段开放，需要配置电脑或智能手机才能学习，这无疑又加剧了他们的经济压力。

8.2.1.2 心理健康

一个人长期处于自卑压抑情绪中，自信心会逐渐变弱，自身奋斗潜能和主观能动性得不到有效发挥。调查发现，经济困难现实激发了贫困生潜在创业需求，但因受内外条件限制，他们的创业需求无法释放，高职贫困生创业欲望普遍高于一般学生，但他们中多数认为自身创业能力、专业素质、领导力等方面欠缺，担心创业失败。以上各种原因，造成他们一方面想通过积极创业来改变经济困境，另一方面却又因为知识能力欠缺不敢尝试，这种矛盾情绪长期在体内积蓄得不到释放，会导致他们心理处于不健康状况。

8.2.1.3 学业问题

随着社会不断发展，社会对人才的要求也越来越高，学习成绩往往不再是企业评价人才唯一标准，拥有较高综合素质和技能特长也同等重要。现在信息技术迅速发展，多数贫困生课后很少接触电脑，影响他们对新知识新技术的学习，对他们学习、就业十分不利。另外，因经济窘迫，要利用业余时间进行各种兼职，使他们无法投入过多时间精力在学习上，一定程度上也会对学业产生影响。

8.2.1.4 就业压力

经研究，贫困大学生就业能力总体上低于非贫困生，在社会实践能力和求职能力方面也低于非贫困生。经过大学学习，虽然贫困生就业能力提高幅度大于非贫困生，他们也积极利用大学优质资源，主动提高自身就业素质能力，但他们整体就业能力水平还是低于非贫困生。究其原因，主要是贫困生家庭所拥有的经济资本、文化资本和社会资本都比较匮乏，影响就业。

8.2.2 "双创"背景下高职贫困生人才培养改革

创新创业能力已成为推动社会进步的强大动力，高职院校承担着为社会培养具有创新创业意识人才的重任。在"双创"背景下，高职院校应改变传统"输血"经济助困，变为适应新时代需要的"造血"精神助困，从单纯经济物资帮扶变为培养创新创业能力，变授之以"鱼"为授之以"渔"。

8.2.2.1 组织结对帮扶

由高年级优秀的具有较强学业能力和创新创业意识的党员学生，结对帮扶一个学习能力较差、心理自卑贫困生，通过搭建学生群体之间横向帮助、平等亲近帮扶桥梁，提升贫困生学习能力，改善心理状况。以学生之间日常学习生活交流为途径，通过优秀党员学生一对一耐心指点、实践指导，帮助贫困生树立科学人生发展规划，制订合理学习和勤工助学计划，促使他们尽快适应大学生活。同时高年级党员学生以"邻家大哥大姐"和"过来人"身份，对贫困生进行心理疏导，使他们没有层级和地位压力，有助于贫困生提升自信心，克服自卑情绪，激发他们向榜样学习、向先进看齐的动力。高年级优秀党员学生通过"传帮带"作用，进一步帮助贫困生树立创新精神，培养创新能力，通过具体实践学习到更多创业知识，提升专业水平，克服自卑自闭心理阴影，树立自信。

8.2.2.2 成立贫困生自助创业社

大多数贫困生来自经济相对落后地区，从小受到的教育和接触面与城镇同龄同学相比有一定差距，他们英语口语表达、计算机操作能力、人际交往能力、言语表达能力等方面较弱，开展自主创业有难度。广州番禺职业技术学院为引导学生受助自强，实现"资助"与"育人"有机结合，成立贫困生自助创业社，将全校有创业意愿，但又苦于没有创业技术和资金的贫困生组织起来，请创业导师进行集中创新创业教育培训，培养创业能力，提升综合素质。在创业导师指导下,贫困生们抱团取暖,根据相同兴趣爱好和专业搭配,自主成立各种创业团队,进行创业项目尝试。学校经过审核评估,给予贫困生初创项目以一定启动资金支持,并聘请相关行业专家给予指导。通过成立贫困生自助创业社,有助于提升他们综合素质能力,提高专业水平,同时通过创业项目盈利,可以解决部分经济收入来源,实现从被动"输血"到自主"造血"的转变。

8.2.2.3 搭建产学实践平台

高职学生的课程内实训环节大多在规定时间、规定地点在教师"监督"下进行,缺少相对"自主"与"创新"的意识。因此,一方面为了培养学生主人翁精神和创新创业意识,提高专业实践水平;另一方面,也为了解决贫困生经济问题,学校层面有必要搭建一个能充分发挥学生主观能动性的产学实践平台,既可培养学生自主精神,又可以解决他们部分经济困难。广州番禺职业技术学院下属二级学院建筑工程学院,充分发挥专业优势,利用社会资源,为贫困生搭建集专业学习、自主创业、勤工俭学为一体的综合产学实践平台。贫困生被派往各建筑公司业余兼职,充分结合所学专业,让他们承担施工图纸设计、工程造价评估等工作,既锻炼专业动手能力,又获得相应报酬。此举可以培养贫困生自强自立自主意识,进一步理论联系实际,完善知识体系,学到最新行业知识,提高团队合作精神、组织协调能力、人际交往能力,为就业创业打下坚实基础。

8.2.2.4 设立创新创业孵化基地

为培养贫困大学生创新创业意识,鼓励大胆尝试,勇于实践,自主创业,高职院校还应设立"大学生创业园""大学生模拟市场"等众创空间,帮助他们熟悉创业流程环节,锻炼创新创业能力。广州番禺职业技术学院专门在学生生活区开辟"大学生创业园"。园中有各种门店,提供邮寄快递、手机美容、电脑维修、摄影摄像、桶装水等。学校还在教学楼开辟一整层"创业孵化园"。学校对贫困生各类创业项目进行评审,筛选出有创意前景项目入驻,免费提供办公室场地、水电,帮助他们实现公司化运营。

广州番禺职业技术学院"工商模拟市场",至今已经开设21届。"工商模拟市场"提供 100 个摊位,在为期一周经营时间内,各摊位盈利最高者为胜。学生创业项目从最开始可行性论证、市场分析、市场定位到摊位竞标、注册登记、成本核算、财务报表、盈利结算等环节全部模拟真实市场环境,锻炼学生实操能力。贫困生通过积极参与"工商模拟市场"管理运营,从实践中学到创业知识,进一步培养创业能力。

第 9 章

高职院校创新创业教育文化建设

高职院校的创新创业教育文化，主要由物质文化、精神文化、制度文化三部分组成。其中，物质文化与高职院校创新创业教育环境的物质条件息息相关，主要通过教育教学基础设施、环境场景和其他硬件条件等直观形式展现。精神文化与高职院校创新创业教育的意识形态、精神层面直接相关，主要体现在高职学生通过创新创业教育后所形成的思维观念、情感态度、职业精神、道德素养及社会行为等方面。制度文化则与高职学生在接受创新创业教育过程中的社会关系直接相关，主要包括政策法规、经济制度、学校管理制度等。

9.1 高职院校创新创业教育文化建设的短板

9.1.1 制度文化建设较为薄弱

在高职院校的创新创业教育实践中，文化建设主要以物质文化和精神文化为主体，制度文化建设仍处于薄弱状态。虽然各高职院校对创新创业教育都建立了各种各样的规章制度，但由于缺乏常态性、有效性的监管督查体系，导致创新创业教育有章不依、依章不准的情况时有发生。此外，高职院校创新创业教育的制度文化建设还存在一定程度的同质化现象，各高校之间相互借鉴模仿甚至克隆抄搬、硬性移植现象仍然大行其道，造成了各高校制定和执行创新创业教育制度的针对性、操作性、适用性不强。

9.1.2 显性和隐性文化模式影响力不足

高职院校创新创业教育的文化呈现模式，可以分为显性文化模式和隐性文化模式两种。在具体实践中，一方面，高职院校创新创业教育显性文化模式影响力不够持久、不够广泛、不够吸引人。"写在墙上，挂在横幅上，喊在口头上"等传统显性文化模式的呈现形式表达欠新意，难以吸引"00后"高职大学生对于创新创业的强烈关注。创业成功典型事迹、创新创业成果宣传推广的针对性和力度不强，难以提升学生对创新创业的认同感、成就感、荣誉感和自信心。显性文化的宣传推广渠道以及内容的时效性、多元性、整合性不强，难以激发新生代高职学生创新创业的激情和动力。他们对待创新创业的态度，往往流于完成老师布置的作业、顺利拿到学分即可，没有进一步开拓创新、研发新项目的原动力。

另一方面，高等职业院校的创新创业教育隐性文化建设氛围对大学生的影响实效十分有限。在日常教育教学过程中，大学的领导、各级行政教辅管理人员、专业教师的创新创业行为示范作用不强，对高职学生创新创业意愿的示范引领作用非常有限。在授课过程中，往往由一帮"从学校到学校"没有实际创业经验的教师来授课，缺乏实际创业成功经验和具体创业案例，对学生缺乏说服力。在创新创业教育教学过程中嵌入的创新创业元素不足，高职学生难以从专业理论知识和技术技能学习中归类总结、提炼升华出创新创业的目标和未来职业发展方向。部分高职院校的校风校训校歌中创新创业文化蕴意内涵体现不足，学生从大学校园内文化氛围、文化环境中汲取创新创业灵感途径有限。

9.2 高职院校创新创业教育文化建设的纾困之道

9.2.1 加强创新创业教育制度文化建设

9.2.1.1 建立完善组织管理机构

随着高职院校创新创业教育工作的不断深入，各院校基本上都成立了专门的组织管理机构。许多高职院校成立了专门的二级管理单位，比如：创新创业中心或创新创业学院。由创新创业学院（或创新创业中心）负责专门管理全校的创新创业教育相关事务，负责全校创新创业教育课程的安排、授课教师的选聘、各类与创新创业教育相关制度的拟定，系统指导全校大学生的创新创业教育活动与项目实践开展，培养大学生的创新精神和创业能力，并为学生创新创业活动提供各种配套服务。

但由于全校的创新创业教育工作涉及面广，涉及教务安排、学生管理、师资选聘、场地安排等方方面面，如果仅仅单靠创新创业学院或创新创业中心恐怕难以完成。以上创新创业教育涉及的各方面分别由学校的教务处、学生处、人事处、后勤处等部门负责管理，管理过于分散，单靠创新创业学院或创新创业中心难以协调各方资源形成合力，因此不能形成全校一盘棋协调发展创新创业教育的局面。所以，必须成立校级层面的专门管理机构——创新创业教育领导工作小组，该小组负责人应由学校主要领导兼任，机构内各成员应包含与创新创业教育相关的二级单位行政教辅负责人、各专业专家教授等，负责统一协调学校的各类创新创业活动，加强创新创业教育的统一化、规范化管理。

除成立校级层面创新创业教育领导工作小组、独立机构创新创业学院（创新创业中心）以外，还应在各二级学院成立大学生创新创业指导中心。各二级学院大学生创新创业指导中心人员，可由本学院的辅导员、专业教师兼任。该创新创业指导中心，负责根据各学院的专业特色和学生特点，有针对性地指导本学院学生的创新创业具体实践活动。至此，就形成了从上至下的创新创业教育三级管理机构组织体系，从而有利于学校各类创新创业教育制度与活动的贯彻落实，进而有力地推动创新创业教育工作稳步发展。

9.2.1.2 健全规范各项管理制度

制度文化建设是高职院校创新创业教育体系中重要的一环，所以，各高等职业院校要制定激励大学生进行创新创业的相关政策文件、管理制度，激发大学生创新创业意愿。

一是，进一步完善教学管理制度。通过将创新创业教育进行制度化、规范化，使其在具体执行过程中具有较强的可操作性、可执行性。持续深入推进弹性学制，使学生在学习年限，跨学院、跨专业学习，以及转专业学习上具有制度保障，在达到相关条件后允许他们有一定的选择自由度。

二是，科学规划、合理制定创新创业教育课程体系。高职院校要根据本校具体实际情况制订切实合理的人才培养计划，并加强创新创业教育课程体系改革、学分制改革，针对不同生源群体采取差异化的教学方式。

三是，改革教师和学生评价考核形式。对教师建立科学合理的教师教学评价体系，并定期对于课堂教学效果、具体创业项目实践情况等开展相应评价、考核，不断提高和改进创新创业教育教学质量。对学生改变传统应试教育考试制度，采用过程性评价和结果性评价相融合、多种方式相组合的考核评价方式，注重对高职院校学生创新思维与创业技能的综合评估。

四是，完善创新创业教师培训交流制度。创新创业学院（创新创业中心）要与学校教师发展中心积极合作，联合组织创新创业授课教师进行定期和不定期师资培训，不断提升他们的教学水平。比如可以组织创新创业青年教师职前培训、初阶培训、进阶培训及骨干创新创业教师培训等四个不同阶段的培训。可以建立虚拟教研室，不受时空限制，定期举办学术交流和讨论，及时反馈各自教学中面临的难题，共同商量解决。

五是，制定激励高职大学生开展实施创新创业项目实践的具体政策。为提高对高职院校大学生创新创业项目管理的效能，要从制度方面规范大学生创业学习和创业实践的各个环节。要从制度方面鼓励大学生参加各类科技竞赛、创业培训，撰写出版发表科技著作、论文，申请专利、研发新产品、积极进行科技成果转化、担任学校老师的科研助手等实践活动，并允许他们进行学分与相关活动的转换。

六是，完善创新创业资金支持和保障制度体系。各职业院校要优化学校各项经费支出比例和结构，多渠道统筹协调、合理安排资金，大力支持创新创业教育教学改革，从制度层面提供资金支持，保障大学生各个创新创业项目的顺利开展实施。各职业院校要引入企业和校友资源，在学校设立专门的创业扶植基金，为大学生创新创业项目提供经费支持。同时，各职业院校也要积极选拔、支持品学兼优具有科研潜质的大学生加入到教师的科研项目中，给他们提供经费补贴，让他们担任教师的科研助理，使他们在科研课题的具体实操中得到锻炼。

9.2.2 促进显性文化与隐性文化的双驱联动

高职院校创新创业教育文化对大学生创新创业意愿和行为的影响，主要体现在两个维度：一是显性文化。借助显性文化的影响，高职院校大学生通过理解、学习、模仿他人创新创业成功经验，汲取创业失败教训，形成适合自身特点的创新创业思维和行为方式。二是隐性文化。通过发挥隐性文化的作用，提升高职学生的创新创业基本素养，助力高职学生的创新创业实践，进而达到使高职学生成长成才的人才培养目标。

9.2.2.1 构建丰富多元的创新创业显性文化

在创新创业教育的显性文化呈现形式上，既要丰富又要多元，要尽可能贴近"00后"学生的心理特征。可在全校范围内进行有奖征集、民意调查、创意设计大赛等形式，构建符合创新创业教育文化和展现创客精神的景观园林文化、建筑小品文化、符号标识文化、教室空间文化、楼道走廊文化和寝室个性文化。比如：在图书馆自习室墙壁上，加入各种层板，打造成一个创新创业教育显性文化的展示空间。同时，各高职院校还应充分利用"00后"学生喜闻乐见的新媒体资源，如微信公众号、微博、短视频、APP、直播等方式，多途径立体化宣传创新创业教育相关知识和创新创业成功案例及典型事迹，在校园内营造积极向上的创新创业文化氛围。

9.2.2.2 营造潜移默化的创新创业隐性文化氛围

高职院校要积极发挥创新创业教育隐性文化的潜移默化功能。各高职院校要以兼容并蓄、开放包容、宽容失败、挫折教育等先进理念引领创新创业教育的隐性文化建设，通过隐性课程、隐性活动、创业比赛、社会活动、创业实践等教育方式，将创新创业隐性文化全方位系统性融入学校教育教学的各个环节，并结合"五育并举""三全育人"和培育"工匠精神"相关要求，对大学生进行润物无声的教育，全面培养政治觉悟高、开创思维新、创业能力强的复合型创新创业人才。

（1）营造积极向上的创新创业校园文化

高职大学生的成长离不开良好的校园文化。校园文化有重要的潜移默化功能，会直接影响大学生的创新创业活动。建设高职院校的创新创业隐性文化，就要加强以创新创业文化为主题的各项校园文化建设，同时还要建设积极的创新创业舆论环境，占领意识形态主阵地，合理利用各种宣传渠道和工具。一是可以以办学理念、校训校风为载体进行大学创新创业精神文化建设；二是可以以组织建设、制度建设为载体进行大学创新创业文化建设；三是可以以改变服务作风、教风学风为载体进行大学创新创业文化建设。

（2）营造良好的创新创业学术氛围

营造积极向上的创新创业隐性文化氛围，还有一个很重要的方面是在大学校园里形成一种良好的创新创业学术气氛，努力培养高职学生的创新精神和创业能力，可从以下四点入手：一是兼容并蓄的原则，对学术思想采取自由开放的态度，允许不同学术观点自由交流、自由竞争，多派别多学科相互交流、争鸣融汇，鼓励教师和学生在学术上平等对话、自由讨论，创造一种思想火花自由绽放的学术讨论氛围。二是鼓励学生的独创性和多样性，要善于发现挖掘学生身上蕴含的潜在创新品质和创业能力，用心培育学生的个人研究兴趣、创新思维、创业精神，鼓励学生发挥各自特长。三是培养学生接受失败的勇气和屡败屡战的决心，既鼓励学生追求成功，也鼓励他们认可失败的经验价值，形成接纳创业失败的宽容气氛。四是尊重学生的个人选择，保护他们的好奇心、自尊心，培养他们的责任心、自信心，既要严格要求，又要平等对待，宽严相济，鼓励他们追求卓越。

（3）营造丰富多彩的创新创业第二课堂文化

一是，大力组织学生参加各类创新创业和科技比赛。加大力度宣传和组织高职学生参加校级、省级、国家级的"挑战杯""互联网+"等创新创业比赛，各类职业规划大赛、创意比赛，以及各类创业比赛等，以比赛为契机，实现"以赛促教，以赛促学，以赛促改，以赛促建"的目的。

二是，鼓励高职大学生积极参加各类创新创业讲座和活动。在大学校园大力推广各种创新创业平台，大力宣传广大校友与大学生中的创业成功人士，培育向上向善的创新创业文化环境，培养高职大学生的创新创业精神。充分借助各种网络和新媒体资源，以及创业成功人物的典型示范作用，使高职大学生有机会近距离接触成功企业家，亲身领略优秀的企业环境文化，大力加强创新创业教育和第二课堂的互嵌共融，让创新创业实践活动入脑入心，取得实效。

三是，将创新创业理论知识嵌入到校园创业实践活动中。构建创新创业大学生社团组织，并以社团组织为平台，促使各学院、各专业学生互相学习、交流创业心得体会、合作共赢。创新创业教师可在社团中担任指导老师，为学生指引创业目标，同时为他们提供创业辅导咨询，随时为他们的创新创业实践项目排忧解难。可组织各种社团活动，比如举行商务礼仪、脑洞大开创意、成长和成才、就业和创业等专题论坛与实践活动，提高大学生社团的整体合作能力，提高自身的核心竞争力。通过大学生创业园与创新创业孵化基地等众创空间，进行课程思政教育实践，使大学生在创新创业具体实践活动中，不知不觉、潜移默化地提升自己的思想政治素质。

四是，学以致用开展各类社会一线实践活动。比如：义务维修、公益支教、科普公益活动、红色志愿服务等社会实践活动，使大学生在活动中灵活运用所学创新创业知识去帮助他人、服务社会、回报社会，培养他们的感恩精神与社会责任感，提高本身的职业道德品质。通过组织大学生去知名企业、创业产业园区、孵化基地现场参观实习，亲身感受一线生产实践与企业管理运营全流程，使他们经过实地调研学习与摸索，累积创新创业知识与经验，锤炼自强不息、顽强拼搏、永不放弃的决心和毅力，大力提高他们的创新创业综合素质能力。

9.2.3 专创融合大力构建创新创业文化氛围

高职院校要加强文化建设，努力增强专业教育和创新创业教育的融合力度，大力营造人人想创新、个个愿创业的良好创新创业文化环境氛围，推动高职创新创业教育高质量发展。树立正确的专创融合理念，既要注重少数创业精英人才的重点培养，同时更要关注多数普通学生的培养，即"重点式培养和广谱式培养相结合"，整体推进所有学生的创新思维和创业能力。通过创新创业教育和专业人才培养目标的有机融合，在创新创业教育过程中培养高职学生创新精神和团队合作意识、社会资源整合能力，同时还要帮助学生树立战胜困难、永不言弃的理想信念。加强创新创业教育与专业课程教学内容的融合，坚持以企业行业实践需求为导向，构建生产实际所需的专业基础、创新创业基础、技术应用、创新思维培养、创业痛点挖掘、创业项目策划、创业能力、创业综合实训等内容的课程体系。

第 10 章

高职院校创新创业教育评价

2020年10月,中共中央、国务院印发了《深化新时代教育评价改革总体方案》,指出教育评价事关教育发展方向,有什么样的评价指挥棒,就有什么样的办学导向。同时,《方案》确定的改革目标为:到2035年,基本形成富有时代特征、彰显中国特色、体现世界水平的教育评价体系。足以看到国家对于教育评价的重视,以及教育评价背后的意义,即落实立德树人地位,推进教育高质量发展,为深化教育综合改革提供动力,为教育发展提供良好的生态环境,有效提高教育治理能力。创新创业教育作为新时代一种新型的教育理念和教学模式,更需要先进的创新创业教育评价体系的引领。

10.1 高职院校创新创业教育评价的意义

历经近二十年的发展,高职院校创新创业教育在开展的规模与获得的成果方面已取得了非常显著的成效。但是,随着经济社会的发展,高职院校创新创业的一些不足也日益显露出来,特别是在顶层制度的建设、课程设置、师资队伍建设、创新创业实践及成果的评价环节等方面仍存在着一定的局限性。可见,通过研究创新创业教育评价体系来探究高职院校创新创业教育的影响因素,进一步完善创新创业教育策略,对于提升高职院校的创新创业教育与经济社会发展需求之间的匹配度具有非常深远的意义。

10.1.1 助推高职院校创新创业教育评价的开展

在我国现行的高职院校创新创业教育评估指标体系中，仅存在大学生创新创业示范学校的评价指标，而对创新创业教育的质量和成效方面缺乏深入的评估。此外，对本科高校、高职院校的创新创业教育评估尚未针对其独特性采用不同的评价指标。由于本科院校和高职院校资源配置的差异，导致两者在创新创业教育的内容、组织形式、面临的困难等方面都存在较大的差异，所以采用相同的评估指标，只会削弱评估结果的可信度，削弱评估系统在创新创业教育中的引导作用。构建具有高职院校特色的创新创业教育评价体系，有助于充分挖掘其优势和不足，取其精华去其糟粕，从而避免因使用当前的本科院校指标体系进行评估，造成高职院校失去本质和特色，被本科高校同质化。高职创新创业教育要与其他高校进行有区别、有差异的评估，在明确高职院校人才培养定位的基础上，开展有利于高职院校自身改革发展的评价；高职院校的创新创业教育质量评估还是对大学生的需要进行价值评判，还应充分考虑高职院校学生的特殊性及发展需求。

10.1.2 反哺、指导高职院校创新创业教育的发展

我国的"双创"教育从起步到现在，在发展壮大的过程中，也存在着一些问题，需要不断地完善和创新。通过创建高职院校创新创业教育评价体系，完善教育评价指标，运行教育评价机制，得到教育评价结果，用以发现创新创业教育所面临的问题，以达到评价结果指导创新创业教育过程的目的，不仅在理论层面深化对"双创"教育的认识，更在实践环节指导了"双创"教育的开展，优化创新创业教育模式，提高人才培养质量。

10.1.3 改变以结果为导向的创新创业教育评价思维

《中国大学生就业创业年度发展报告》显示，2014年至2016年间全国应届毕业生创业率由1.93%攀升至2.93%；《2019中国高等职业教育质量年度报告》显示2018年高职应届毕业生自主创业的比例为3.3%；《2020年中国大学

生就业报告》中显示 2019 届本科毕业生自主创业比例为 1.6%，高职毕业生自主创业比例为 3.4%，这一系列的数字既表明了我国在高校创新创业教育方面的政策导向和经费上的支持取得了一定的成效，同时也表明了高校毕业生的就业和创业理念发生了变化。然而，相对于创新创业教育起步较早的发达国家和地区而言，目前国内的大学生创业者比例仍处于相对落后的状态。业界出现一些不同的声音，为什么在国家持续鼓励支持创新创业教育的情况下，大学生的创业率还是如此低下？那是不是意味着投入和产出不匹配，不成正比呢？创新创业教育的效果如何体现？怎么样评价创新创业教育的效果？本书认为，创业率和创业成果仅仅是测量具有创业意愿和创业活动的群体在总体上所占据的比例的一个单一的测量指标，并不能反映出创新创业教育整体的综合性的成果，根据单一评价指标或结果就否定创新创业教育有失偏颇。因此，改变以创业率和创业成果为单一标准的创业教育评价思维，综合考量创业教育给受教者带来的过程上、结果上的全面影响，才是全面评价高校创新创业教育质量的前提和基础。

10.1.4 厘清高职创新创业评价主体与评价维度的关系

从现有的创新创业教育评价的理论与实践情况来看，目前我国创新创业教育评估的对象主要是政府、企业、学校三方，具体指标包括政府的资金投入、企业的经费支持、学校的课程设置、学校的师资力量以及校企合作的相关指标，这样的评价结果并不能很好地反映出各个行业的作用，也不能比较不同的因素在创业教育中的积极作用。另外，目前的创新创业教育评估没有明确的评估主体，究竟该由谁如何评估企业的创新创业教育？是通过接受和吸纳创业成果的公司来进行评价工作，还是由实施教育工作的高职院校来进行评价，又或者是进行创业的学生群体来进行评价，抑或成立第三方评价公司从事高职院校创新创业教育评价？本书认为这些评价主体和其对应的影响因素都是需要综合考虑的，不仅要关注多元利益主体诉求的不同表达，还要关注教育评价改进总结性评价和发展形成性评价。

10.1.5 改进评价目标单一的创新创业教育评价体系

目前，国内外学者对创新创业教育评价的研究已有多种视角，有基于 CIPP 模式的大学生创业能力评价研究、基于可拓学优度评价方法的大学创业质量评价研究、基于平衡记分卡的评价模式的研究、基于顾客需求模式的大学生创业教育满意度的研究、基于熵权 TOPSIS 的研究，以及基于熵权 TOPSIS 的大学创新创业教育的质量评估等。以上研究通常基于其研究的目标，并选取某个模型来构建创新创业教育评价指标体系，往往有充分的理论依据，但评价目标单一，并且它所建立的模型往往只适合一种评价模式，由此建立的评价指标体系缺少全方位的综合考量。因此，本书尝试着建立一个涵盖多维评价目标的综合性的评估模型。希望通过对评价指标体系的改革，引导高职院校创新创业教育转变以创业大赛得奖、项目数为标准的创新创业教育评估思路，进而推动创新创业教育功利化倾向的转变，为创新创业教育的长足发展正本清源。

10.2 高职院校创新创业教师评价研究现状

随着双创的高速发展，创新创业教育评价研究已然成为学术界的热点话题。在中国知网（CNKI）数据库，设置检索条件：题名＝创新创业教育并且题名＝评价，或者题名＝双创教育并且题名＝评价，或者题名＝创业教育并且题名＝评价，均为精确匹配，文献来源为文献跨库检索，共检索到文献 320 篇。从研究内容来看，基本都集中在普通高等院校。本书继续设置检索条件，在检索条件上加入高职院校的限定条件，用以研究高职院校创新创业教育的评价现状，设置检索条件：题名＝创新创业教育并且题名＝评价并且主题＝高等职业院校，题名＝创新创业教育并且题名＝评价并且主题＝高职，或者题名＝双创教育并且题名＝评价并且主题＝高等职业院校，或者题名＝双创教育并且题名＝评价并且主题＝高职，或者题名＝创业教育并且题名＝评价并且主题＝高等职业院校，或者题名＝创业教育并且题名＝评价并且主题＝高职，均为精确匹配,文献来源为文献跨库检索,共检索到文献 63 篇。其中,期刊论文 55 篇、学位论文 4 篇(硕士学位论文 4 篇,博士学位论文 0 篇)、特色期刊 4 篇。高职院校创新创业教育评价研究文献数量只占到创新创业教育评价研究的 19.7%。

10.2.1 高职院校创新创业评价研究文献发文量分析

从表 10-1 得知高职院校最早研究创新创业评价的文献年代为 2007 年,是盐城纺织职业学院黄志纯、刘必千在《教育与职业》核心期刊上发表的题为《关于构建高职生创新创业教育评价体系的思考》,开启了高职院校学术界对创新创业评价的研究。研究沉寂了 5 年之后,开始逐渐升温,到 2019 年达到峰值(18 篇),近 3 年又逐渐趋于理性。总的来说,研究高职院校创新创业评价的文献偏少,没有形成大规模的研究热潮。

表 10-1　高职院校创新创业评价文献各年度发文量

文献发表年限	2007	2013	2014	2015	2016	2017	2018	2019	2020	2021	2022
文献发表数量	1	1	1	1	4	5	10	18	15	5	2

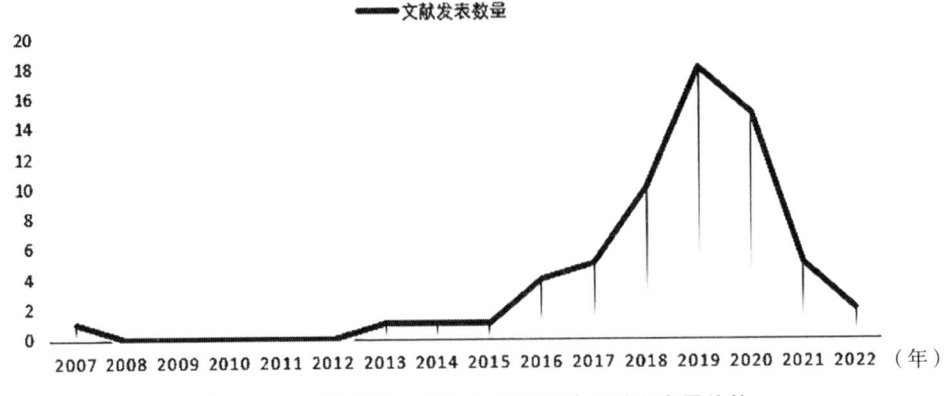

图 10-1　高职院校创新创业教育评价文献发表量趋势

10.2.2 高职院校创新创业评价研究文献研究热点分析

（1）高职院校创新创业评价研究文献关键词词频分析

由于文献的关键词是文章核心内容的浓缩和提炼，在文献中起到提纲挈领作用，故某一领域关键词出现的频次与该领域的研究热点密切相关。本书根据 CNKI 的计量可视化分析功能得到高职创新创业教育评价研究关键词共现图谱，即图 10-2，设置出现频次、共现频次的阈值为 3。图中每个节点指代一个关键词，节点的大小与关键词出现的频次成正比；弧形连线数量与关键词的中心度相关，中心度能反映该节点在整个网络图谱中发挥"媒介"作用的程度，中心度数值越大说明关键词之间的相关性越高，更多的节点连接时必须通过它来展开。也就是说，节点越大、中心度越高的关键词往往能够映射出该研究领域的研究热点。图 10-2 中，重要的研究热点主要涉及创新创业教育、高职院校、教育评价体系、评价体系、创新创业、体系构建、质量评价、"四位一体"、教育质量评价体系、教育评价指标体系、创新创业教育评价体系等。可见，围绕评价和评价体系这两个关键词进行创新创业教育评价的研究居多。

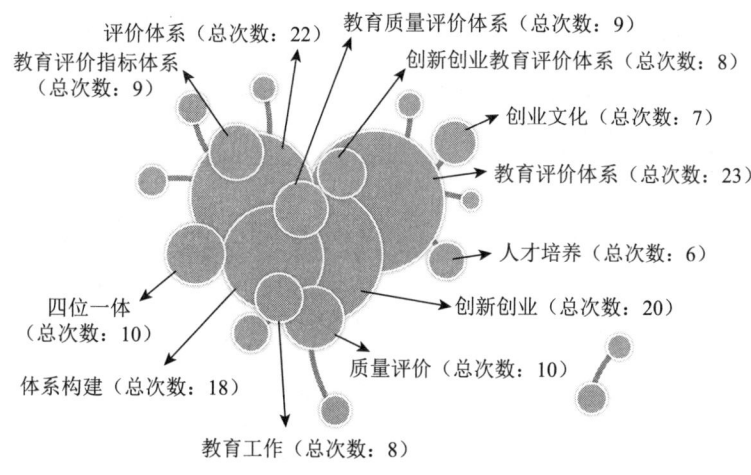

图 10-2　高职创新创业教育评价研究关键词共现图谱

（2）高职院校创新创业评价研究文献高被引文献分析

为进一步研究高职院校创新创业教育评价研究发展趋势，本书选取 63 篇

文献中被引频次 ≥5 的文献进行分析，见表 10-2。引用文献是一个研究课题的一个重要维度，它反映了学术界在一定时期内对该课题的重视程度。通过引用文献的数量分析，可以清楚地反映研究的延续、应用、发展、评价等方面的内容。表 10-2 所示的高被引用文献，从某种意义上反映了当前高职院校创新创业教育评估的热点与动态。经分析，国内学者对于创新创业教育评价研究主题主要包括创新创业教育评价的理论与方法研究、创新创业教育评价指标体系构建研究、不同类型高职院校创新创业教育评价体系研究等。研究模式及方法主要集中于 CIPP 模式、层次分析法、平衡记分卡模式、模糊综合评价法、熵权分析法等。大部分的研究文献都属于定性研究，定量研究相对较少，运用实证研究法仅有 2 篇文献，其中一篇为硕士学位论文。

表 10-2 高职院校创新创业评价研究文献高被引文献情况

序号	题名	作者	发表年份	被引频次	研究主题	主要研究方法
1	关于构建高职生创新创业教育评价体系的思考	黄志纯、刘必干	2007	72	高职生、创新创业教育、评价体系、指标	理论分析法
2	关于高职院校"四位一体"创新创业教育评价体系研究	李兵	2019	59	高职院校、创新创业教育、"四位一体"、教育质量	理论分析法
3	基于 CIPP 的高职院校创新创业教育评价体系构建	张淑梅、刘珍	2017	34	高职院校、创新创业教育、评价体系	CIPP 评价模型
4	高职院校创新创业教育评价指标体系构建研究	胡正明	2018	32	高职院校、创新创业教育、评价指标	理论分析法
5	高职院校创新创业教育质量评价模型构建与实证分析	王秋梅、张晓莲	2016	31	高职院校、创新创业教育、质量评价、测度指标体系	层次分析法
6	基于"过程-结果"的高职院校创新创业教育质量评价研究	祝成林、和震	2020	19	高职院校、创新创业教育、质量评价	层次分析法、实证研究法
7	高职院校创新创业教育评价指标体系研究	王石、田洪芳	2017	14	高职院校、创新创业教育、评价指标体系、构建原则、影响因素、设计指标	理论分析法

续表

序号	题名	作者	发表年份	被引频次	研究主题	主要研究方法
8	高职院校创新创业教育效果评价体系构建与实证研究	尹敏、平先秉	2018	12	高职院校、创新创业、效果评价、AHP与模糊评价	AHP层次分析法、模糊综合评价模型
9	论高职院校创新创业教育评价体系构建	贾淑红、刘兵	2013	12	高职院校、创新创业教育、评价体系	理论分析法
10	基于层次分析法的高职院校创新创业教育评价体系研究	刘襄河、孔江红	2018	9	创新创业教育、层次分析法、高职院校	德尔菲法、层次分析法、9分位标度法
11	高职院校校企协同创新创业教育师资队伍评价模型构建与分析	赵薇	2019	8	高职院校、校企协同、创新创业教育、师资队伍、评价模型	理论分析法
12	三螺旋视阈下高职院校创新创业教育评价体系构建研究	王珞	2018	7	三螺旋、创新创业、指标、高职院校	定性分析为主，兼用定量分析方法
13	利益相关者视角下高职创新创业教育评价体系的构建与研究	李媛媛	2019	6	利益相关者理论、高职院校、创业教育评价	理论分析法
14	高等职业院校创新创业教育评价相关问题研究	王朝、崔强、董良杰	2018	5	高等职业院校、创新创业、评价	理论分析法
15	基于平衡计分卡的高职创新创业教育评价体系研究	陈娟莉	2018	5	平衡计分卡、高职创新创业教育、评价体系	平衡计分卡分析法、理论分析法
16	基于平衡计分卡的高职院校创新创业教育绩效评价指标体系的构建——以陕西职业技术学院为例	秦文	2017	5	陕西职业技术学院、高职院校、创业教育、绩效评价指标体系、平衡计分卡	平衡计分卡分析法、理论分析法

续表

序号	题名	作者	发表年份	被引频次	研究主题	主要研究方法
17	高职院校创新创业教育评价模型构建及应用研究	李欣旖	2019	5	高职院校、创新创业教育、评价模型、应用	德尔菲法、层次分析法、实证研究法
18	高职院校创新创业教育评价指标体系研究	郭如	2017	5	高职院校、创新创业教育、评价指标体系、构建原则、影响因素、设计指标	理论分析法
19	论高职院校"四位一体"创新创业教育评价体系	陈亮、任民	2019	5	高职院校、"四位一体"、创新创业教育评价体系	理论分析法
20	高职院校创新创业教育质量评价体系构建研究	张勇明、李俊彬、曹佩红	2019	5	高职院校、创新创业教育、质量评价、体系构建	层次分析法、理论分析法

10.2.3 高职院校创新创业评价研究主题综述

李兵等人将高职创新创业教育评价按照主体分为政府、学校、学生、社会四个层面，然后在这四个层面的基础上构建14个二级评价指标，政府层面有2个指标，分别为政策扶植、经费投入；学校层面有5个指标，分别为办学理念、课程体系、师资队伍、校园文化、平台建设；学生层面有5个指标，分别为创新意识、创业能力、实践活动、创新成果、创业率；社会层面有2个指标，分别为企业认可、社会认可。并以以科学发展观为指导、尊重人才发展、本着有序竞争、评价体系动静结合的原则构建高职院校"四位一体"创新创业教育评价体系。张淑梅等人基于美国教育评价学家Stufflebeam提出的CIPP评价模型（包含背景评价、输入评价、过程评价、成果评价），提出了高职院校创新创业教育评价指标体系，该体系包括创新创业环境基础、创新创业资源投入、创新创业过程行动、创新创业成果绩效四个方面，包含11个一级指标和21个二级指标，其中一级指标分别为组织领导、制度保障、实践平台、师资建设、经费投入、课程教授、实践活动、指导服务、创新成果、创业水平、社会效益。

刘襄河等人采用层次分析法（AHP法）将高职院校创新创业指标分为5个维度，分别是组织领导与制度建设、教育教学与基地建设、师资队伍与科研能力、创业氛围与创业实践、教育成效与综合反馈，在5个维度构建16个二级指标。并利用Thomas L. Satty标度法确定比较维度，计算出各项评价指标的权重比值与排序，使得高职院校创新创业教育评价体系从理论层面走向实践，变得可操作。较为可惜的是作者还没有进行评价运行测评，没有验证其评价体系的科学合理性。陈娟莉将罗伯特·卡普兰（Robert Kaplan）和戴维·诺顿（David Norton）的绩效管理工具引入到高职院校创新创业教育评价中，设计了高职创新创业教育评价的平衡计分卡模式，分为四个维度，分别是顾客层面（包括学生、用人单位与家长的满意度评价）；学习与成长层面（包括教师的结构、创业经历、培训和评价机制等）；内部流程与控制层面（课程教学设置、实践教学的安排等）；财务层面，用以保障创新创业教育的高效开展。以上四个维度为该评价指标体系的一级指标，二级指标10个，三级指标37个，该指标体系最大的优势是指标涵盖较全面且37个三级指标都做到量化可操作。祝成林等人提出基于"过程—结果"的高职院校创新创业教育质量评价体系，创新创业教育过程的评价包括个人资源、课堂教学、创业竞赛、创业实践、政府支持、师生共创等维度；创新创业教育结果的评价包括创业知识、创新精神、创业技能、创业意愿、质量满意等内容，并由此形成调查问卷。

经过对31省28 232份有效问卷的研究，得出高职院校创新创业教育质量评价总体上处于中等偏上水平，且以培养学生创业精神、激发学生创业意愿为主，对提升学生创业技能相对不足；不同背景的学生对创新创业教育质量评价存在显著差异；教育过程要素对创新创业教育成效具有显著影响，影响大小依次为政府支持、师生共创、创业竞赛、创业实践、课堂教学、个人资源。根据研究结论，提出通过确立创业型技术技能人才培养目标、校企共同构建理实一体化课程体系、扩大师生共创项目制度供给、完善政府和社会的功能定位等措施，深化创新创业教育改革。高职院校在创新创业教育评价指标体系构建方法种类方面具有一定的丰富性，但是文献数量不多，采用各种方法的学者不具广泛性，因此以上方法是否对高职院校创新创业教育评价指标体系的建立具有有效性还有待商榷。

本书在对高职院校创新创业教育评价研究之外，更是对国内外的创新创业教育也进行了大量的研究。其中，令本书作者印象深刻的是徐小洲提出的VPR三维三级创新创业教育评价的理论结构模型。该模型由3个一级维度、8个二级维度和29个三级评价维度构成。3个一级维度分别是价值评价（Value）、过程评价（Process）和结果评价（Result）；8个二级维度分别是精神价值、现实价值、政策投入、教育投入、学生发展、企业发展、创业者绩效、产品与成果。徐小洲运用扎根理论方法（grounded theory），首先采用半结构访谈、小型座谈会、焦点小组访谈等方式主要围绕创新创业教育应该如何评价、评价什么、如何评价、当前评价存在的问题、该如何解决等内容对来自浙江、广东、广西、湖北、吉林、黑龙江等六地的政府、高等学校、企业中的54位相关人员进行访谈，得到第一手的访谈资料。

然后利用ATLAS.ti7.5.16质性分析软件对访谈资料逐级进行开放性编码（opencoding）、主轴性编码（axial coding）、选择性编码（selective coding）三级编码，以此获得创新创业教育评价中的一系列核心概念与范畴，同时采用阶段编码的方法，验证创新创业教育评价的概念、范畴及关系的全面性，最后构建出VPR三维三级创新创业教育评价的理论结构模型。该评价模型强调精神价值评价与现实价值评价相结合、发展性评价与绩效性评价相结合、短期评价与长期评价相结合，具有多维、多层、多元的特征，丰富了创新创业教育评价的内容，对创新创业教育实践具有理论参考价值。但是，该评价模型只提供了评价的结构框架和思路，在具体评价实施中，需要进一步明晰相关指标内涵和操作要求。对学生知识能力指标的操作需要选择或开发具体的测量工具，对创业率、创业维持率等的操作需要明晰时间跨度和节点，对竞赛获奖指标的操作需要明确可计入的竞赛类型。

本书寄希望在徐小洲提出的VPR三维三级创新创业教育评价的理论结构模型基础上深耕具体评价实施的评价指标体系，让好的理论模型落地、可操作。

10.3 构建高职院校创新创业 VPR 三维四级评价指标体系

在徐小洲的创新创业教育评价的 VPR 结构模型的基础上，结合高职院校创新创业教育特色，本书构建了高职院校创新创业教育评价的 VPR 三维四级评价指标体系（见表 10-3），从价值—过程—结果三个维度展开，细化出四级评价指标，设置定量与定性相结合的指标使得高职院校创新创业教育的评价真正落地可操作。

10.3.1 高职创新创业教育的价值评价

价值评价是通过揭示高职创新创业教育对于社会和个人的意义，形成人们对高职创新创业教育的不同态度，如肯定或否定、喜欢或反感等，分为精神价值和现实价值两个维度。

精神价值是指高职创新创业教育在精神和意识层面体现出的教育价值和社会贡献，并不一定有现实的物质的结果，但在引领个体和社会的价值观念、形成创新创业的追求和生存方式等方面发挥种植基因的作用。创新创业教育不仅涉及"资源与知识干预"，也包含"社会价值观干预"，是公民获得正确的价值认识的重要途径。精神价值具体分为个体精神价值和社会精神价值两个子指标，个体精神价值重在个体创新精神、创业意愿的培养，社会精神价值主要体现在社会创新理念的引领。采用定性的手段，设置高职创新创业教育是否有助于培养创新精神、高职创新创业教育是否有助于培养创业意愿、高职创新创业教育是否具有引领社会创新理念的作用三个问题，对政府、社会（企业、学生家长）、学校（含学校的领导、老师、学生）展开问卷调查，以期得到高职院校创新创业教育的精神价值所在及培养的力度、程度、接受度等。

现实价值是指高职创新创业教育在现实和物质层面体现出的教育价值和社会贡献，包含经济绩效、解决实际问题和解决市场痛点三个子指标。经济绩效是指创新创业教育带来的经济价值和效益；解决实际问题强调解决的是企业的现实的问题；解决市场痛点则强调解决的是企业生产、管理等方面的关键问题。通过高职创新创业教育是否产生经济绩效、高职创新创业教育是否帮企业解决了实际问题、高职创新创业教育是否解决了市场痛点三个问题，对政府、社会（企业）展开问卷调查，得到高职院校创新创业教育的现实价值大小。为了便于开展评价工作，本书在这里使用定性手段来评价现实评价，这个做法并不是很精确，如使用税收、国民生产总值等经济指标来衡量现实价值会更科学、直观。

10.3.2 高职创新创业教育的过程评价

高职创新创业教育的过程评价是评估创新创业教育过程中的政府投入、学校投入，以及促进学生发展的效果和企业发展的情况。

政府投入对政府层面对创新创业教育的政策支持情况的评价，包括政策支持和政策效果两个子指标，分别从政府是否有简化大学生企业注册的申请流程、政府创业政策是否有助于提升个人创业意愿、政府是否有推动高职院校创新创业教育的激励机制、政府创业政策是否对开展创业有切实的帮助、创新创业经费投入占教育总经费比例（%）、实施政策后创业率的增量（%）6个问题，对政府进行问卷调研，得到各级政府对高职创新创业教育的投入政策力度、落实情况和效果。

学校投入是过程评价中最重要的指标，是高职创新创业教育的实施者、承载者，包括创新创业机构设置、制度保障、师资配备、课程教授、实践活动、实践平台建设、经费投入7个三级指标。从创新创业机构设置可评价出一个学校对创新创业教育的重视程度，设计是否把创新创业教育纳入高职院校人才培养总体框架、是否成立专门的创新创业机构两个定性问题。制度保障包含各高职院校对创新创业教育的指导约束、激励惩罚等方面的规定，从以下五个问题进行评价，包括是否有跨学院或跨学科的创新创业教育合作机制、是否有相对独立的针对创新创业老师的晋升机制、是否提供创新创业启动基金（无息贷款）、是否建立了创新创业学分转换制度、是否允许学生保留学籍休学创新创业等。

对于人才培养，师资有至关重要的地位。师资配备，包含从事创新创业教育工作的教师的数量、学历结构、知识结构、职称结构、专兼结构，是否含有创业经历以及教师培养培训等方面，本书主要从专职教师、专业教师、校内行政教辅兼职教师、校外兼职教师分别与在校生之比来反映不同类型教师的数量与结构，重点评价专职教师和专业教师的实践经验与创业经验，包含以下8个指标：从事创新创业教育工作的专职教师数与在校生之比（%）、从事创新创业教育工作的专业教师数与在校生之比（%）、从事创新创业教育工作的校内行政教辅（含辅导员）兼职教师数与在校生之比（%）、从事创新创业教育工作的校外兼职教师数与在校生之比（%）、从事创新创业教育工作的校外兼职教师数与在校生之比（%）、从事创新创业教育工作的具有实践经验的专职教师和专业教师比例（%）、从事创新创业教育工作的具有创业经历的专职教师和专业教师比例（%）、参加省级以上创新创业培训的教师占全体教师比例（%）。课程教授包括创新创业教育的专门课程设置，也包括创新创业教育在专业课中的融合，包含5个指标，即是否有满足学生多样化学习需求的创新创业教材、是否与学生所学专业结合紧密、是否结合学校的专业学科特色开展创新创业教育、创新创业课程开设总数（门）、创新创业课程学时数（学时）。

实践活动包括创新创业教育的活动的形式、时长等，包含企业创业实践的天数、创新创业社团的个数、创新创业教育讲座/沙龙的场次数（场）、学校组织各类创新创业比赛年均数（次）4个指标。实践平台建设，主要从校内外创新创业实训基地的建设情况，以及生均基地面积来评价，包括4个指标，即校内是否有创新创业实践基地、校内生均创新创业实践基地面积（平方米/人）、创新创业实践是否有专门的校外实践基地、校外生均创新创业实践基地面积（平方米/人）。经费投入，是指各高职院校创新创业教育的经费预算及其他形式的资金投入，主要从创新创业专项资金占学校年度预算比例（%）、除专项资金外扶持学生创新创业的经费数（万元）两个方面来评价。以上的7个三级指标、30个四级指标，可采用抽样调查的方式，向各高职院校发放调查问卷。

学生发展包含知识能力提升、学会探索实践和创新意识发展三个三级指标。知识能力提升是评估学生接受创新创业教育后相关知识和能力的发展，重点在于评价"知道了什么"，从是否有助于丰富创新创业知识、是否有助于提升创新创业技能两个四级指标进行评价；学会探索实践是评价学生进行问题探索和实践操作的能力，重点在于评估"会做什么"，从是否有助于提升探索和实操能力这个四级指标上评测；创新意识发展是评估学生创新创业的观念变化，从是否愿意参加创新创业实践来评价。

企业发展是以发展的视角评估创新创业教育，它是从长期的创新创业企业经济影响和效果来评价，包括企业存活期、创新示范作用和发展潜能三个三级指标。企业存活期是评估创业企业成立后有没有产生利润、利润的维持或增值、企业存活时间等指标，用以考察创业的持续效果，纠正现实中评估大学生创业偏重创立企业数量、以成功融资代表创业成功、不注重创业维持和创业产品实际经济效益的现象。从3年内企业存活率、3年内存活的企业产生利润率两个四级指标来评测。创新示范作用是评估创业企业和创业活动对社会或他人的启发或示范作用，并不以创业成功的结果为单一评价依据。从创业企业和创业活动是否对社会或他人有启发或示范作用来评测。发展潜能维度是评估创业企业的未来发展可能性，不以即时的、短时间内的结果为评价依据，重在考察未来可能的影响力和发展潜力，是一种面向未来的展望性评价。从创新企业未来是否有发展潜力来评测。

10.3.3 高职创新创业教育的结果评价

高职创新创业教育的结果评价是从创新创业教育的绩效和成果产出两个维度进行评定，分为创业者绩效、产品与成果。

创业者绩效是以创业学生个体为单位的结果评价，主要包括竞赛获奖、创业率、带动就业率、杰出校友4个三级指标维度。创新创业教育的效果可能是立竿见影的，也可能是相对滞后的，带动就业率、杰出校友等指标，是对创新创业教育"时滞性"特征的反映。分别从获得国家级和省级创新创业大赛二等奖以上总数（项）、创业学生数与就业学生数之比（%）、创新创业学生数与就业学生数之比（%）、杰出校友人数4个指标来评价。

产品与成果指标是以物为单位的结果评价，包括项目孵化、项目落地、创办企业、企业规模、科技成果转化、科研立项与获奖、著作论文发表和专利发明 8 个四级指标。其中，项目孵化、项目落地、创办企业、企业规模主要考察的是校内创业四个阶段，是从有创意，到创意变成项目，然后成立公司、招兵买马干企业的一个过程，本书从项目、企业的个数来评价创业的结果，也从侧面可以反映出项目落地率、创办企业率、各类规模企业的占比等结果。本书设置的四级指标为正在孵化的项目数（个）、已落地的项目数（个）、学生创办企业数（家）、微型企业个数、小型企业个数、中型及以上企业个数。科技成果转化、科研立项与获奖、著作论文发表和专利发明这 4 个三级指标主要考察的是教师和学生创新和创业研究的成果，科技成果转化的四级指标为教师技术交易额累计达 10 万元的单个技术转让项目的项目数、学生技术交易额累计达 5 万元的单个技术转让项目的项目数。

科研立项与获奖的四级指标为省级以上纵向项目数（个）、到账金额 10 万元以上的横向课题数（个）、省级以上政府专项奖个数。著作论文发表的四级指标为创新创业教师的著作发表数（本）、创新创业教师发表的 F 类及以上的论文数（篇）、学生创新创业方面的著作发表数（本）、学生创新创业方面的论文发表数（篇）。专利发明的四级指标为教师的专利授权个数、学生的专利授权个数。

表 10-3 VPR 三维三级创新创业教育评价结构模型

一级指标	二级指标	三级指标	四级指标	指标属性
价值评价	精神价值	个体精神价值	高职创新创业教育是否有助于培养创新精神	定性
			高职创新创业教育是否有助于培养创业意愿	定性
		社会精神价值	高职创新创业教育是否具有引领社会创新理念的作用	定性
	现实价值	经济绩效	高职创新创业教育是否产生经济绩效	定性
		解决实际问题	高职创新创业教育是否帮企业解决了实际问题	定性
		解决市场痛点	高职创新创业教育是否解决了市场痛点	定性

续表

一级指标	二级指标	三级指标	四级指标	指标属性
过程评价	政府投入	政策支持	政府是否有简化大学生企业注册的申请流程	定性
			政府创业政策是否有助于提升个人创业意愿	定性
			政府是否有推动高职院校创新创业教育的激励机制	定性
			政府创业政策是否对开展创业有切实的帮助	定性
			创新创业经费投入占教育总经费比例（%）	定量
		政策效果	实施政策后，创业率的增量（%）	定量
	学校投入	创新创业机构设置	是否把创新创业教育纳入高职院校人才培养总体框架	定性
			是否成立专门的创新创业机构	定性
		制度保障	是否提供创新创业启动基金（无息贷款）	定性
			是否建立了创新创业学分转换制度	定性
			是否允许学生保留学籍休学创新创业	定性
			是否有跨学院或跨学科的创新创业教育合作机制	定性
			是否有相对独立的针对创新创业老师的晋升机制	定性
		师资配备	从事创新创业教育工作的专职教师数与在校生之比（%）	定量
			从事创新创业教育工作的专业教师数与在校生之比（%）	定量
			从事创新创业教育工作的校内行政教辅（含辅导员）兼职教师数与在校生之比（%）	定量
			从事创新创业教育工作的校外兼职教师数与在校生之比（%）	定量
			从事创新创业教育工作的具有实践经验的专职教师和专业教师比例（%）	定量
			从事创新创业教育工作的具有创业经历的专职教师和专业教师比例（%）	
			参加省级以上创新创业培训的教师占全体教师比例（%）	定量

续表

一级指标	二级指标	三级指标	四级指标	指标属性
过程评价	学校投入	课程教授	是否有满足学生多样化学习需求的创新创业教材，是否与学生所学专业结合紧密	定性
			是否结合学校的专业学科特色开展创新创业教育	定性
			创新创业课程开设总数（门）	定量
			创新创业课程学时数（学时）	定量
		实践活动	企业创业实践的天数	定量
			创新创业社团的个数	定量
			创新创业教育讲座/沙龙的场次数（场）	定量
			学校组织各类创新创业比赛年均数（次）	定量
		实践平台建设	校内是否有创新创业实践基地	定性
			校内生均创新创业实践基地面积（平方米/人）	定量
			创新创业实践是否有专门的校外实践基地	定性
			校外生均创新创业实践基地面积（平方米/人）	定量
		经费投入	创新创业专项资金占学校年度预算比例（%）	定量
			除专项资金外扶持学生创新创业的经费数（万元）	定量
	学生发展	知识能力提升	是否有助于丰富创新创业知识	定性
			是否有助于提升创新创业技能	定性
		学会探索实践	是否有助于提升探索和实操能力	定性
		创新意识发展	是否愿意参加创新创业实践	定性
	企业发展	企业存活期	3年内企业存活率	定量
			3年内存活的企业产生利润率	定量
		创新示范	创业企业和创业活动是否对社会或他人有启发或示范作用	定性
		发展潜能	创新企业未来是否有发展潜力	定性

续表

一级指标	二级指标	三级指标	四级指标	指标属性
结果评价	创业者绩效	竞赛获奖	获得国家级和省级创新创业大赛二等奖以上总数（项）	定量
		创业率	创业学生数与就业学生数之比（%）	定量
		带动就业率	创新创业学生数与就业学生数之比（%）	定量
		杰出校友	杰出校友人数	定量
	产品与成果	项目孵化	正在孵化的项目数（个）	定量
		项目落地	已落地的项目数（个）	定量
		创办企业	学生创办企业数（家）	定量
		企业规模	微型企业个数	定量
			小型企业个数	定量
			中型及以上企业个数	定量
		科技成果转化	教师技术交易额累计达 10 万元的单个技术转让项目的项目数	定量
			学生技术交易额累计达 5 万元的单个技术转让项目的项目数	定量
		科研立项与获奖	省级以上纵向项目数（个）	定量
			到账金额 10 万元以上的横向课题数（个）	定量
			省级以上政府专项奖个数	定量
		著作论文发表	创新创业教师的著作发表数（本）	定量
			创新创业教师发表的 F 类及以上的论文数（篇）	定量
			学生创新创业方面的著作发表数（本）	定量
			学生创新创业方面的论文发表数（篇）	定量
		专利发明	教师的专利授权个数	定量
			学生的专利授权个数	定量

10.4 高职院校创新创业 VPR 三维四级评价指标体系的优势

高职院校创新创业 VPR 三维四级评价指标体系力图适应我国创新创业教育发展的现实需求，体现创新创业教育多层、多元、多方法的评价特征。

10.4.1 多维多层结构

高职院校创新创业教育本身是一个非常复杂的系统，单一维度或层次的评价难以满足评价的需要。本书设计的 VPR 三维四级评价指标体系的多维多层性主要体现在三个方面。

一是，评价多维度。VPR 评价指标体系从创新创业教育价值、过程和结果三个维度进行评价分析，因为创新创业教育必然要有教育的育人功能和价值引领的价值体现，所以有价值评价；创新创业教育贯穿高职院校人才培养的全过程，所以必然有过程性的评价；有过程自然有结果，所以也会有结果性评价。这是创新创业教育发展的自然过程，也最能全面涵盖创新创业教育评价的全部范畴。

二是，评价指标多层次。VPR 评价指标体系设计了四层评价指标，一级指标 3 个，二级指标 38 个，三级指标 32 个，四级指标 69 个，涵盖了创新创业教育的方方面面。

三是，VPR 评价指标体系多维多层的设计方案，可以满足多主体（政府、社会、学校、学生）不同价值诉求。创新创业教育质量评价每个维度、每个层次都有不同的战略目标，各个高职院校的创新创业教育评价均可进行横向或纵向不同维度、层次的评价比较。

10.4.2 多元评价主体

创新创业教育是一项由政府、学校和社会等组织协同运作的教育系统工程，这些评价主体在整个创新创业教育评价中占据极其重要的地位。故本书 VPR 评价指标体系四级指标都是针对政府、社会（企业、学生家长）、学校（含学校的领导、老师、学生）这些不同的评价主体设计的。价值评价的精神评价的评价主体是政府、社会（企业、学生家长）、学校（含学校的领导、老师、学生）；价值评价的现实价值的评价主体是政府、社会（企业）；过程评价包括政府、学校、企业、学生四个层面的评价；结果评价的评价主体包括学校、教师、学生。

10.4.3 定性指标与定量指标相结合

定性分析是对创新创业教育进行"质"的方面的分析，定量分析是对创新创业教育的数量特征、数量关系与数量变化的分析。本书的 VPR 评价指标体系四级指标设置了 27 个定性指标、42 个定量指标，将定性分析和定量分析相结合。并且定性指标的数量占全部指标的 39%，定量指标占全部指标的 61%，由此指标得到的评价数据更易量化，得到的评价结果更直观、科学。

10.4.4 精神价值与现实价值相结合

精神价值是指创新创业教育满足个人和社会的精神需要的价值，包括满足个体的创新精神、创新态度、创新观念的精神需要，也包括满足社会创新理念引领的需要。现实价值也就是物质价值，是创业创业教育满足人的物质需要的价值，可以通过经济绩效、解决实际问题和解决市场痛点来反映。VPR 评价指标体系既关注创新创业教育在精神、意识层面的精神评价，又关注现实、物质层面的现实评价，它们是辩证统一的关系。

10.4.5 发展性评价与绩效性评价相结合

VPR 评价指标体系兼顾发展性评价和绩效性评价。过程性评价本身就是根据事物发展逻辑产生的评价，所以它是一种发展性的评价。在 VPR 评价指标体系中的过程性评价分为政府投入、学校投入、学生发展和企业发展四个维度，例如企业发展维度中企业存活期、创新示范、发展潜能三个三级指标具有极其显著的发展性特质，通过对一定时期内企业存活率、生产利润的评价，对一段时间内对社会或他人的启发或示范的评价，对特定时间段内企业的发展潜力的评价，从而揭示学生创业成效，有效地解决目前我国高职院校学生创新创业教育的"虚""形式化"的问题。结果性评价是一种绩效的、总结性的评价，以量化的方式评价创新创业教育直接带动学生创新创业获得的绩效与成果。VPR 评价指标体系主要研究大学生的创新能力、创业意识、创业素质，通过对大学生创业潜能、个性特点的测试，检验了创业教育对大学生创业的激励作用、对大学生创业的理论基础和素质能力的培养，以及对大学生创业精神的激励作用。VPR 评价指标体系的结果评价主要是对创业者绩效和产品与成果的评价，通过对创业者的竞赛获奖情况、创业率、带动就业率、企业创办过程、企业规模、科技成果转化量等指的标评价，检验创新创业教育对学生创业的激励作用、对大学生创业的理论基础和素质能力的培养力度，以及对大学生的创业精神的激励作用。同时，VPR 评价指标体系设立现实价值、企业发展、创业者绩效、产品与成果等维度反映创新创业教育实践的评价指标。结果评价虽然是一种绩效的、总结性的评价，但也反映出创新创业教育的过程要素与作用。如 VPR 评价指标体系通过以人、物为单位的指标量化评估，促进创新创业教育发展的过程投入。

10.4.6 短期评价与长期评价相结合

VPR 评价指标体系注重短期评价与长期评价相结合。短期评价是即时的评价，能够反映出目前的创新创业教育现状与特点。长期评价分为长时间性评价或回顾性评价，它反映了我国高职院校创新创业教育的发展现状和特点。目前，大学生自主创业的数量、选择自主创业的意愿是衡量大学生创新创业教育成效的主要指标。但是，创新创业教育是一个长期的、常态化的过程，其教育成效的表现是相对滞后的，加之其自身又是动态的、持续性的，所以短期评价指标很难全面反映创新创业教育的总体成效，它必须与长期评价相结合。如企业存活期、创新示范作用和发展潜能、创业维持率、毕业后绩效等是评价创新创业教育长期性的重要指标，竞赛获奖、创业率等属于短期指标。而有时短期评价指标也可以作为长期评价操作，如以 3 年为一个评价时段进行回顾性评价，通过该校衍生的优秀企业数量、持续创业者数量、毕业生创业比率等指标，评价其创新创业教育的长期成效。

10.5 亟待开展的工作

本书在徐小洲创新创业教育评价的 VPR 结构模型的基础上，在对当前创新创业教育文献进行深入研究后，结合高职院校创业创业教育特色，构建了高职院校创新创业教育评价的 VPR 三维四级评价指标体系。要使 VPR 评价指标体系顺利运行实施，用来指导高职院校创新创业工作，本书接下来还需亟待开展以下工作：

10.5.1 继续细化 VPR 三维四级指标体系的四级指标

VPR 指标体系在具体评价实施中，需要进一步明确相关四级评价指标的内涵和操作要求。对价值类、认知能力类等指标的操作需要选择具体的定性测量工具，对创业率、占比率等的指标需要明确时间跨度和相关名称的具体详细解释，对竞赛获奖指标需要明确可计入的竞赛类型。因此，实施创新创业教育评价一是要重视全面了解各级政府创新创业政策的颁布、调整与执行情况；二是动态分析学校创新创业教育资源；三是明晰创新创业教育指标的操作细则；四是选择或开发合适的具体测量工具等。

10.5.2 小规模运行，优化 VPR 三维四级指标体系

以 VPR 指标体系的四级指标为基础，设置面向政府、社会（企业）、学校领导、学校老师、学校学生的调研问卷，并向他们发出《高职院校创新创业教育质量评价调查问卷》。本期调研对象为小规模调研，目的在于验证 VPR 指标体系的全面性、科学性、合理性、可操作性等。调研结束后，本书会对收集到的调研数据进行统计和分析，根据综合评分的结果，剔除被认为质量评价水平较低的指标项目等。与此同时，从政府、社会（企业）、学校领导、学校老师、学校学生中邀请一定数量和规模的专家，经过多轮验证和评审，优化 VPR 指标体系。

参考文献

[1] 伍锦群,等.高职学生创新创业教育研究[M].沈阳:辽海出版社,2020.

[2] 范琳.高职院校创新创业教育研究[M].广州:世界图书出版广东有限公司,2016.

[3] 陈虹.大学创新创业教育[M].北京:文化发展出版社,2020.

[4] Albert, P. and L. Gaynor, 2003, National Contexts, Incubator Families and Trends in Incubation–Views from Four Countries. Paper Presented at the 48th ICSB World Conference, Belfast.

[5] Atherton, A. (2004), 'Unbundling enterprise and entrepreneurship: from perceptions and preconceptions to concept and practice', International Journal of Entrepreneurship and Innovation, Vol 5, No 2: 121-127.

[6] Brown, R. (1995). The Graduate Enterprise Programme: Attempts to Measure the Effectiveness of Small Business Training. *British Journal of Education and Work*, 8 (1): 27-37.

[7] Brown, Robert and Andrew Myers (1990). 'Encouraging Enterprise: Britain's Graduate Enterprise Programme', Journal of Small Business Management (October): 71-77.

[8] Caplin, L., 1983. The Business of Art. Prentice-Hall, Englewood Cliffs, NJ.

［9］Careers Service Destination Survey（1983），Department of Education and Science, Co. Durham, England.

［10］David Trippier（1987）. Minister for Small Firms, Department of Employment: 'I am dismayed by the fact that only one-third of one per cent of graduates in this country go into starting their own businesses from scratch, compared with two per cent in the United States and two and a half per cent in Japan.

［11］Dickinson, T.（2000）. Reconciling Research and the Patent system. Issues in Science and Technology, 16（4）. http://www.issues.org/16.4/dickinson.htm. Accessed. 1 Mar 2012.

［12］Dro, Philippe（1992），Characteristics in Enterprising Graduates', Unpublished Report.

［13］Drucker, P.F. Innovation and Entrepreneurship: Practice and Principles. New York: Harper and Row, 1985.

［14］Gibb, A., "The Enterprise Culture and Education. Understanding Enterprise Education and its Links with Small Business Entrepreneurships and Wider Educational Goals", International Small Business Management Journal, Vol. 11 No. 3, 1993.

［15］Gibb, A.A.（2007）. "Creating the entrepreneurial university: Do We Need a wholly different model of entrepreneurship", in Alain, F.（Ed.）, Handbook of Research in Entrepreneurship Education, Vol. I-A General Perspective: 67-103.

［16］Harrison, R.（1973）. Developing Autonomy, Initiative and Risk Taking Through Laboratory Design. European Training, 2: 201-208.

［17］Heck, R.K.Z., Owen, A.J., Rowe, B.R.（Eds.），1995. Home-Based Employment and Family Life. Auburn House, Westport, CN.

［18］Innovation's Golden Goose.（2002）. The Economist. 14 December 2002, 3.

[19] Katz, J. A. (2003). The Chronology and Intellectual Trajectory of American Entrepreneurship Education: 1876–1999. *Journal of business venturing*, *18*(2): 283–300.

[20] Katz, J.A., 1991b. Educating entrepreneurial professionals: identification of the critical market. J. Private Enterp. 7(1): 105–120.

[21] Katz, J.A., 1994. Growth of endowments, chairs, and programs in entrepreneurship on the college campus. In: Hoy, F., Monroy, T.G., Reichert, J. (Eds.), The Art and Science of Entrepreneurship Education, vol. 1. Baldwin-Wallace College, Cleveland.

[22] Kolb, D. A. (1984). Experimental learning. Englewood Cliffs, NJ: Prentice-Hall.

[23] Kuratko, D. (2003). Entrepreneurship Education: Emerging Trends and Challenges for the 21st Century, Coleman Foundation, Chicago, IL, White Paper Series.

[24] Malecki, E., 1994. Entrepreneurship in regional and local development. Int. Rev. Reg. Sci. 16 (1–2): 119–153.

[25] Mcmullan, W.Ed; Long, Wayne A. (1987). Entrepreneurship education in the nineties. Journal of Business Venturing, 2(3): 261–275. doi: 10.1016/0883-9026(87)90013-9

[26] Moreland, N. (2006). *Entrepreneurship and higher education: an employability perspective* (Vol. 6). York: Higher Education Academy.

[27] Mowery, D. C., & Sampat, B. N. (2001b). University patents and patent policy debates in the USA, 1925–1980. Industrial and Corporate Change, 10(3): 781–814.

[28] Roberts, E.B., 1991. Entrepreneurs in High Technology. Oxford, New York.

[29] Schacht, W. H. (2009). The Bayh-Dole Act: Selected issues in patent policy and the commercialization of technology. Congressional Research

Service Report for Congress. December, 16, 2009.

[30] Smith, T., Samors, R., Heinig, S., & Hardy, R. (2010). Commercialization of University Research. Memorandum to Office of Science and Technology Policy and National Economic Council on Federal Register Request for Information for Commercialization of University Research. May 10, 2010. Association of American Universities, Association of Public and Land-Grant Universities, American Council on Education, Association of American Medical Colleges, and Council on Government Relations. http: //www.aplu.org/NetCommunity/Document. Doc? id=2515. Accessed 1 Mar 2012.

[31] Solomon, G. T., K. M. Weaver, and L. W. Fernald (1994). "A Historical Examination of Small Business Management and Entrepreneurial Pedagogy," Simulation and Gaming 25 (3): 338-352.

[32] Stirling University, Cranfield School of Management, Warwick Business School, Durham Business School, Manchester Business School, Huddersfield Polytechnic, South East Consortium (London), Bristol University, Cardiff Business School, University of Belfast.

[33] Szyperski, N., Klandt, H. "The Empirical Research on Entrepreneurship in the Federal Republic of Germany", in, Vesper, K.H. (Ed.). Frontiers of Entrepreneurship Research. Proceedings of the 1981 Conference on Entrepreneurship at Babson College. Wellesley, MA: Babson College, 1981: pp. 158-178.

[34] Timmons, J.A. and Spinelli, S. New Venture Creation, Entrepreneurship for the 21st Century. Boston and others: McGraw Hill International Edition, 2003.

[35] Ulrichsen, T. C. (2015). Assessing the Economic Impacts of the Higher Education Innovation Fund: a Mixed-Method Quantitative Assessment. *HEFCE, Bristol, UK.*

[36] Vesper, K.H. 1985. New developments in entrepreneurship education. J.A.

Homaday et al., eds., Frontiers of Entrepreneurship Research. Wellesley, Mass.: Babson College: 489-497.

[37] Vesper, K.H., 1993. Entrepreneurship Education. Entrepreneurial Studies Center, UCLA, Los Angeles, CA.

[38] Vesper, K.H., Gartner, W.B., 1997. Measuring progress in entrepreneurship education. J. Bus. Venturing 12（5）: 403–421.

[39] Rebecca S. Eisenberg, Public Research and Private Development: Patents and Technology Transfer in Government-Sponsored Research, 82 VA. L. REV. 1663（1996）.

[40] 陈慧明. 我国国立科研机构法立法构想［D］. 华中科技大学, 2007.

[41] Lita Nelsen. Identifying, Evaluating, and Reporting Innovative Research Development at the University, In UNDERSTANDING BIOTECHNOLOGY 25, 26-7（Gale R. Peterson ed., 1993）.

[42] David Roessner ET AL.: The Economic Impact of Licensed Commercialized Inventions Originating in University Research, 1996-2007, at 7-9（Sept. 3, 2009）.

[43] Wendy H. Schacht, Cong. Res. Service, The Bayh-Dole Act: Selected Issues in Patent Policy and the Commercialization of Technology 13（Mar. 16, 2012）.

[44] 王树生. 创业教育研究［D］. 东北师范大学, 2003.

[45] 严霞. 大学生创业过程中的政府职责研究［D］. 苏州大学, 2010.

[46] 王海龙. 我国高校创业教育研究［D］. 天津大学, 2004.

[47] 周海容. 高校创业教育支持系统的构建与优化探析［J］. 湖北民族学院学报（哲学社会科学版）, 2013, 31（03）: 142-145.

[48] 郭艳静. 温州大学瓯江学院创业人才培养模式研究［D］. 河北大学, 2015.

[49] 顾美霞, 欧阳倩兰. 课程思政视角下的高校创新创业课程建设［J］. 学校党建与思想教育, 2020（24）: 71-72.

[50]邵月花.高职院校创新创业教育与专业教育有效融合路径研究[J].中国职业技术教育,2016(10):76-79.

[51]冯建军.立德树人的时代内涵与实施路径[J].人民教育,2019(09).

[52]胡宝华.高校创业教育课程设计探讨[J].中国高教研究,2010(7):90-91.

[53]黄亚生,张世伟,余典范,王丹.《贝多法案》与美国科研成果转化制度[J].中国经济周刊,2015(12):84-85.

[54]李俐.湖南省高校大学生创业教育现状调查与对策研究[D].湖南师范大学,2011.

[55]李平,邢娣凤.浅谈高校创业教育课程建设[J].教育探索,2008(11):42-43.

[56]王东明.当代大学生创业教育研究[D].哈尔滨师范大学,2020.

[57]王鹏.高校创业教育生态系统构建研究[D].哈尔滨师范大学,2019.

[58]王章豹,等.高校创新创业教育内外部生态环境分析及优化策略[J].合肥工业大学学报,2018(1):111-118.

[59]乌仁格日乐,张苏.家庭收入对大学生创业意愿的影响[J].天津大学学报(社会科学版),2013(05).

[60]夏人青.论高校人才培养框架下的创业教育目标[J].复旦教育论坛,2010(6):56-60.

[61]赵磊.高校创业教育对大学生创业绩效影响的实证研究[D].河北师范大学,2011.

[62]宋妍.高校创新创业教育与思想政治教育关系研究[D].东北师范大学,2017.

[63]宋妍,王占仁.高校创新创业教育与思想政治教育关系研究的意义与现状[J].黑龙江高教研究,2016(8):101.

[64]夏雪花.新时代高校创新创业教育与思想政治教育融合的途径探析[J].思想理论教育导刊,2021(08):136-140.

［65］黄淑敏，李秋红，宫亮."课程思政"理念下高职院校创新创业教育实践［J］.中国职业技术教育，2019（29）：92-96.

［66］卢淑静.创新创业教育嵌入专业教育的原则与机制［J］.求索，2015（02）：184-187.

［67］刘鲲，曾兰君."双创"背景下高职旅游管理专业教学改革实施路径［J］.科技经济导刊，2020（4）：110-111.

［68］谢和平.以创新创业教育为引导全面深化教育教学改革［J］.中国高教研究，2017（03）：1-5+11.

［69］常晓宇.基于产教融合的高职院校创新创业教育教学改革［J］.教育与职业，2019（21）：76-80.

［70］曹秋.高职院校创新创业翻转课堂教学模式改进策略［J］.教育与职业，2019（17）：93-96.

［71］王刚.专业教育与创新创业教育融合下的导师素质标准研究［J］.黑龙江教育（理论与实践），2018（Z2）：3-4.

［72］杨红玲.双创背景下职业院校"双师型"导师队伍的建设［J］.教育与职业，2019（03）：57-61.

［73］吴建材.高职院校创新创业教育生态系统研究现状综述及展望［J］.商展经济，2021（16）：88-90.

［74］高春静.高校创新创业组织结构的研究——基于天津市9所高校创新创业管理机构设置的分析［C］.//天津市社会科学界第十五届学术年会优秀论文集：壮丽七十年辉煌新天津（下），2019：97-103.

［75］吴松.技术本科院校创业教育师资队伍建设研究［D］.华东师范大学，2017.

［76］张海燕，李向红，康冰心.高职院校创新创业师资培养现状及精益发展模式构建［J］.教育与职业，2020（19）：79-83.

［77］李亚奇，李峰，王涛，李辉.高校创新创业教育多元化复合型师资队伍构建研究［J］.渭南师范学院学报，2018，33（14）：5-12.

［78］何静，代晓容.高职院校师资队伍分类分层管理与建设机制研究

［J］．职教论坛，2018（10）：72-77．

［79］成希．研究型大学创新创业教育生态系统构建研究［D］．湖南师范大学，2018．

［80］牛彦飞．"双创"升级趋势下高职创新创业师资队伍建设探析［J］．教育与职业，2020（02）：72-76．

［81］江军，胡传双．应用型本科高校双创教育师资队伍建设：目标与路径［J］．巢湖学院学报，2019，21（05）：135-140．

［82］古翠凤，刘雅婷．双创背景下高职院校"复合型"教师队伍建设［J］．职业教育研究，2020（01）：73-78．

［83］卓泽林，任钰欣，李梦花，俞林伟．创新创业教育绩效评价体系建构——基于全国596所高校的实证研究［J］．中国电化教育，2020（08）：48-54．

［84］彭燕．专创融合背景下高校双创教师的职业发展［J］．湖北第二师范学院学报，2020，37（11）：75-79．

［85］周杰龙．高校如何打造专创融合教育师资队伍［J］．智库时代，2019（46）：103-104．

［86］贺静伟．高职院校兼职教师"职业榜样"功能分析［J］．教育与职业，2017（04）：80-84．

［87］田宇飞．产教融合视阈下高职院校兼职教师培养路径研究——以黎明职业大学为例［J］．湖北开放职业学院学报，2021，34（24）：59-61．

［88］董慧．"双创"时代高职辅导员队伍专业化培养和职业化发展探究［J］．教育与职业，2021（19）：99-103．

［89］魏驿骁．高校辅导员促进大学生创新创业教育的实践思考［J］．辽宁师专学报（社会科学版），2022（02）：102-103．

［90］刘鲲，李晓跃．百万扩招背景下高职创新创业差异化教育改革研究［J］．教育教学论坛，2022（07）：9-12．

［91］刘鲲．"双创"背景下高职贫困生人才培养策略研究［J］．科技风，2020（01）：216-217．

［92］苏克治，宋丹，赵哲.大学创新创业教育的逻辑构成、现实困阻与长效机制［J］.现代教育管理，2022（03）：40-47.

［93］刘艳，闫国栋，孟威，权宇彤，逯家辉，滕利荣，孟庆繁.创新创业教育与专业教育的深度融合［J］.中国大学教学，2014（11）：35-37.

［94］杜辉，朱晓妹.创新创业教育与专业教育的深度融合——基于北京地区高校的数据分析［J］.中国高校科技，2017（05）：91-94.

［95］刘振中.高校创新创业教育与专业教育的深度融合——基于L学院旅游管理专业的思考［J］.教育理论与实践，2018，38（33）：12-14.

［96］黎浩敏.专创融合视角下高职院校创新创业教育质量评价研究［D］.广东技术师范大学，2020.

［97］张丹译.高校创新创业教育绩效评价研究［D］.武汉科技大学，2019.

［98］杨月涵.学生视角下高校创新创业教育评价指标体系研究［D］.天津理工大学，2019.

［99］宋跃芬，潘文华，田起香，张卫国.国内创新创业教育评价研究现状及主题述评［J］.黑龙江高教研究，2020，38（06）：126-131.

［100］李兵.关于高职院校"四位一体"创新创业教育评价体系研究［J］.中国职业技术教育，2015（28）：78-80.

［101］张淑梅，刘珍.基于CIPP的高职院校创新创业教育评价体系构建［J］.中国职业技术教育，2017（26）：53-55+66.

［102］刘襄河，孔江红.基于层次分析法的高职院校创新创业教育评价体系研究［J］.襄阳职业技术学院学报，2018，17（02）：4-8.

［103］陈娟莉.基于平衡计分卡的高职创新创业教育评价体系研究［J］.河北职业教育，2018，2（05）：20-24.

［104］祝成林，和震.基于"过程—结果"的高职院校创新创业教育质量评价研究［J］.南京师大学报（社会科学版），2020（03）：63-72.

［105］曾琴，刘志兵，左子珍.高职院校创新创业教育评价体系构建［J］.河北职业教育，2022，6（01）：59-63.

［106］徐小洲.创新创业教育评价的 VPR 结构模型［J］.教育研究，2019，40（07）：83-90.